# Вишнёвый сад

# The Cherry Orchard

## Антон Павлович Чехов

## Anton Pavlovich Chekhov

Вишнёвый сад
Copyright © JiaHu Books 2014
First Published in Great Britain in 2013 by Jiahu Books – part of
Richardson-Prachai Solutions Ltd, 34 Egerton Gate, Milton Keynes,
MK5 7HH
ISBN: 978-1-909669-81-9
A CIP catalogue record for this book is available from the British
Library
Visit us at: jiahubooks.co.uk

# Действующие лица

**Раневская Любовь Андреевна** , помещица.

**Аня** , ее дочь, 17 лет.

**Варя** , ее приемная дочь, 24 лет.

**Гаев Леонид Андреевич** , брат Раневской.

**Лопахин Ермолай Алексеевич** , купец.

**Трофимов Петр Сергеевич** , студент.

**Симеонов-Пищик Борис Борисович** , помещик.

**Шарлотта Ивановна** , гувернантка.

**Епиходов Семен Пантелеевич** , конторщик.

**Дуняша** , горничная.

**Фирс** , лакей, старик 87 лет.

**Яша** , молодой лакей.

**Прохожий** .

**Начальник станции** .

**Почтовый чиновник** .

**Гости, прислуга** .

Действие происходит в имении Л. А. Раневской.

## Действие первое

*Комната, которая до сих пор называется детскою. Одна из дверей ведет в комнату Ани. Рассвет, скоро взойдет солнце. Уже май, цветут вишневые деревья, но в саду холодно, утренник. Окна в комнате закрыты. Входят* **Дуняша** *со свечой и* **Лопахин** *с книгой в руке.*

**Лопахин.** Пришел поезд, слава богу. Который час?

**Дуняша.** Скоро два. *(Тушит свечу.)* Уже светло.

**Лопахин.** На сколько же это опоздал поезд? Часа на два по крайней мере. *(Зевает и потягивается.)* Я-то хорош, какого дурака свалял! Нарочно приехал сюда, чтобы на станции встретить, и вдруг проспал... Сидя уснул. Досада... Хоть бы ты меня разбудила.

**Дуняша.** Я думала, что вы уехали. *(Прислушивается.)* Вот, кажется, уже едут.

**Лопахин** *(прислушивается)*. Нет... Багаж получить, то да се...

*Пауза.*

Любовь Андреевна прожила за границей пять лет, не знаю, какая она теперь стала... Хороший она человек. Легкий, простой человек. Помню, когда я был мальчонком лет пятнадцати, отец мой покойный — он тогда здесь на деревне в лавке торговал — ударил меня по лицу кулаком, кровь пошла из носу... Мы тогда вместе пришли зачем-то во двор, и он выпивши был. Любовь Андреевна, как сейчас помню, еще молоденькая, такая худенькая, подвела меня к рукомойнику, вот в этой самой комнате, в детской. «Не плачь, говорит, мужичок, до свадьбы заживет...»

*Пауза.*

Мужичок... Отец мой, правда, мужик был, а я вот в белой жилетке, желтых башмаках. Со свиным рылом в калашный ряд... Только что вот богатый, денег много, а ежели подумать и разобраться, то мужик мужиком... *(Перелистывает книгу.)* Читал вот книгу и ничего не понял. Читал и заснул.

*Пауза.*

**Дуняша.** А собаки всю ночь не спали, чуют, что хозяева едут.
**Лопахин.** Что ты, Дуняша, такая...
**Дуняша.** Руки трясутся. Я в обморок упаду.
**Лопахин.** Очень уж ты нежная, Дуняша. И одеваешься, как барышня, и прическа тоже. Так нельзя. Надо себя помнить.

*Входит* **Епиходов** *с букетом: он в пиджаке и в ярко вычищенных сапогах, которые сильно скрипят; войдя, он роняет букет.*

**Епиходов** *(поднимает букет)* . Вот садовник прислал, говорит, в столовой поставить. *(Отдает Дуняше букет.)*
**Лопахин.** И квасу мне принесешь.
**Дуняша.** Слушаю. *(Уходит.)*
**Епиходов.** Сейчас утренник, мороз в три градуса, а вишня вся в цвету. Не могу одобрить нашего климата. *(Вздыхает.)* Не могу. Наш климат не может способствовать в самый раз. Вот, Ермолай Алексеич,

позвольте вам присовокупить, купил я себе третьего дня сапоги, а они, смею вас уверить, скрипят так, что нет никакой возможности. Чем бы смазать?

**Лопахин.** Отстань. Надоел.

**Епиходов.** Каждый день случается со мной какое-нибудь несчастье. И я не ропщу, привык и даже улыбаюсь.

*Дуняша входит, подает Лопахину квас.*

Я пойду. *(Натыкается на стул, который падает.)* Вот... *(Как бы торжествуя.)* Вот видите, извините за выражение, какое обстоятельство, между прочим... Это просто даже замечательно! *(Уходит.)*

**Дуняша.** А мне, Ермолай Алексеич, признаться, Епиходов предложение сделал.

**Лопахин.** А!

**Дуняша.** Не знаю уж как... Человек он смирный, а только иной раз как начнет говорить, ничего не поймешь. И хорошо, и чувствительно, только непонятно. Мне он как будто и нравится. Он меня любит безумно. Человек он несчастливый, каждый день что-нибудь. Его так и дразнят у нас: двадцать два несчастья...

**Лопахин** *(прислушивается)*. Вот, кажется, едут...

**Дуняша.** Едут! Что ж это со мной... похолодела вся.

**Лопахин.** Едут, в самом деле. Пойдем встречать. Узнает ли она меня? Пять лет не видались.

**Дуняша** *(в волнении)*. Я сейчас упаду... Ах, упаду!

*Слышно, как к дому подъезжают два экипажа. Лопахин и Дуняша быстро уходят. Сцена пуста. В соседних комнатах начинается шум. Через сцену, опираясь на палочку, торопливо проходит **Фирс**,* *ездивший встречать Любовь Андреевну; он в старинной ливрее и в высокой шляпе; что-то говорит сам с собой, но нельзя разобрать ни одного слова. Шум за сценой все усиливается. Голос: «Вот пройдемте здесь...»* **Любовь Андреевна** *,* **Аня** *и* **Шарлотта Ивановна** *с собачкой на цепочке, одетые по-дорожному.* **Варя** *в пальто и платке,* **Гаев** *,* **Симеонов-Пищик, Лопахин, Дуняша** *с узлом и зонтиком,* **прислуга** *с вещами — все идут через комнату.*

**Аня.** Пройдемте здесь. Ты, мама, помнишь, какая это комната?

**Любовь Андреевна** *(радостно, сквозь слезы)* . Детская!

**Варя.** Как холодно, у меня руки закоченели. *(Любови Андреевне.)* Ваши комнаты, белая и фиолетовая, такими же и остались, мамочка.

**Любовь Андреевна.** Детская, милая моя, прекрасная комната... Я тут спала, когда была маленькой... *(Плачет.)* И теперь я как маленькая... *(Целует брата, Варю, потом опять брата.)* А Варя по-прежнему все такая же, на монашку похожа. И Дуняшу я узнала... *(Целует Дуняшу.)*

**Гаев.** Поезд опоздал на два часа. Каково? Каковы порядки?

**Шарлотта** *(Пищику)* . Моя собака и орехи кушает.

**Пищик** *(удивленно)* . Вы подумайте!

*Уходят все, кроме Ани и Дуняши.*

**Дуняша.** Заждались мы... *(Снимает с Ани пальто, шляпу.)*

**Аня.** Я не спала в дороге четыре ночи... теперь озябла

очень.

**Дуняша.** Вы уехали в Великом посту, тогда был снег, был мороз, а теперь? Милая моя! *(Смеется, целует ее.)* Заждалась вас, радость моя, светик... Я скажу вам сейчас, одной минутки не могу утерпеть...

**Аня** *(вяло)*. Опять что-нибудь...

**Дуняша.** Конторщик Епиходов после Святой мне предложение сделал.

**Аня.** Ты все об одном... *(Поправляя волосы.)* Я растеряла все шпильки... *(Она очень утомлена, даже пошатывается.)*

**Дуняша.** Уж я не знаю, что и думать. Он меня любит, так любит!

**Аня** *(глядит в свою дверь, нежно)*. Моя комната, мои окна, как будто я не уезжала. Я дома! Завтра утром встану, побегу в сад... О, если бы я могла уснуть! Я не спала всю дорогу, томило меня беспокойство.

**Дуняша.** Третьего дня Петр Сергеич приехали.

**Аня** *(радостно)*. Петя!

**Дуняша.** В бане спят, там и живут. Боюсь, говорят, стеснить. *(Взглянув на свои карманные часы.)* Надо бы их разбудить, да Варвара Михайловна не велела. Ты, говорит, его не буди.

*Входит **Варя**, на поясе у нее вязка ключей.*

**Варя.** Дуняша, кофе поскорей... Мамочка кофе просит.

**Дуняша.** Сию минуточку. *(Уходит.)*

**Варя.** Ну слава богу, приехали. Опять ты дома. *(Ласкаясь.)* Душечка моя приехала! Красавица приехала!

**Аня.** Натерпелась я.

**Варя.** Воображаю!

**Аня.** Выехала я на Страстной неделе, тогда было

холодно. Шарлотта всю дорогу говорит, представляет фокусы. И зачем ты навязала мне Шарлотту...

**Варя.** Нельзя же тебе одной ехать, душечка. В семнадцать лет!

**Аня.** Приезжаем в Париж, там холодно, снег. По-французски говорю я ужасно. Мама живет на пятом этаже, прихожу к ней, у нее какие-то французы, дамы, старый патер с книжкой, и накурено, неуютно. Мне вдруг стало жаль мамы, так жаль, я обняла ее голову, сжала руками и не могу выпустить. Мама потом все ласкалась, плакала...

**Варя** *(сквозь слезы)*. Не говори, не говори...

**Аня.** Дачу свою около Ментоны она уже продала, у нее ничего не осталось, ничего. У меня тоже не осталось ни копейки, едва доехали. И мама не понимает! Сядем на вокзале обедать, и она требует самое дорогое и на чай лакеям дает по рублю. Шарлотта тоже. Яша тоже требует себе порцию, просто ужасно. Ведь у мамы лакей Яша, мы привезли его сюда...

**Варя.** Видела подлеца.

**Аня.** Ну что, как? Заплатили проценты?

**Варя.** Где там.

**Аня.** Боже мой, боже мой...

**Варя.** В августе будут продавать имение...

**Аня.** Боже мой...

**Лопахин** *(заглядывает в дверь и мычит)*. Ме-е-е... *(Уходит.)*

**Варя** *(сквозь слезы)*. Вот так бы и дала ему... *(Грозит кулаком.)*

**Аня** *(обнимает Варю, тихо)*. Варя, он сделал предложение? *(Варя отрицательно качает головой.)* Ведь он же тебя любит... Отчего вы не объяснитесь, чего вы ждете?

**Варя.** Я так думаю, ничего у нас не выйдет. У него дела много, ему не до меня... и внимания не обращает. Бог с ним совсем, тяжело мне его видеть... Все говорят о нашей свадьбе, все поздравляют, а на самом деле ничего нет, всё как сон... *(Другим тоном.)* У тебя брошка вроде как пчелка.

**Аня** *(печально)* . Это мама купила. *(Идет в свою комнату, говорит весело, по-детски.)* А в Париже я на воздушном шаре летала!

**Варя.** Душечка моя приехала! Красавица приехала!

*Дуняша уже вернулась с кофейником и варит кофе.*

*(Стоит около двери.)* Хожу я, душечка, цельный день по хозяйству и все мечтаю. Выдать бы тебя за богатого человека, и я бы тогда была покойной, пошла бы себе в пустынь, потом в Киев... в Москву, и так бы все ходила по святым местам... Ходила бы и ходила. Благолепие!..

**Аня.** Птицы поют в саду. Который теперь час?

**Варя.** Должно, третий. Тебе пора спать, душечка. *(Входя в комнату к Ане.)* Благолепие!

*Входит **Яша** с пледом, дорожной сумочкой.*

**Яша** (идет через сцену, деликатно). Тут можно пройти-с?

**Дуняша.** И не узнаешь вас, Яша. Какой вы стали за границей.

**Яша.** Гм... А вы кто?

**Дуняша.** Когда вы уезжали отсюда, я была этакой... *(Показывает от пола.)* Дуняша, Федора Козоедова дочь. Вы не помните!

**Яша.** Гм... Огурчик! *(Оглядывается и обнимает ее;*

*она вскрикивает и роняет блюдечко. Яша быстро уходит.)*

**Варя** *(в дверях, недовольным голосом)* . Что еще тут?

**Дуняша** *(сквозь слезы)* . Блюдечко разбила...

**Варя.** Это к добру.

**Аня** *(выйдя из своей комнаты)* . Надо бы маму предупредить: Петя здесь...

**Варя.** Я приказала его не будить.

**Аня** *(задумчиво)* . Шесть лет тому назад умер отец, через месяц утонул в реке брат Гриша, хорошенький семилетний мальчик. Мама не перенесла, ушла, ушла без оглядки... *(Вздрагивает.)* Как я ее понимаю, если бы она знала!

*Пауза.*

А Петя Трофимов был учителем Гриши, он может напомнить...

*Входит **Фирс**, он в пиджаке и белом жилете.*

**Фирс** *(идет к кофейнику, озабоченно)* . Барыня здесь будут кушать... *(Надевает белые перчатки.)* Готов кофий? *(Строго Дуняше.)* Ты! А сливки?

**Дуняша.** Ах, боже мой... *(Быстро уходит.)*

**Фирс** *(хлопочет около кофейника)* . Эх ты недотепа... *(Бормочет про себя.)* Приехали из Парижа... И барин когда-то ездил в Париж... на лошадях... *(Смеется.)*

**Варя.** Фирс, ты о чем?

**Фирс.** Чего изволите? *(Радостно.)* Барыня моя приехала! Дождался! Теперь хоть и помереть... *(Плачет от радости.)*

*Входят **Любовь Андреевна**, **Гаев**, **Лопахин** и*

**Симеонов-Пищик** ; *Симеонов-Пищик в поддевке из тонкого сукна и шароварах. Гаев, входя, руками и туловищем, делает движения, как будто играет на бильярде.*

**Любовь Андреевна.** Как это? Дай-ка вспомнить... Желтого в угол! Дуплет в середину!

**Гаев.** Режу в угол! Когда-то мы с тобой, сестра, спали вот в этой самой комнате, а теперь мне уже пятьдесят один год, как это ни странно...

**Лопахин.** Да, время идет.

**Гаев.** Кого?

**Лопахин.** Время, говорю, идет.

**Гаев.** А здесь пачулями пахнет.

**Аня.** Я спать пойду. Спокойной ночи, мама. *(Целует мать.)*

**Любовь Андреевна.** Ненаглядная дитюся моя. *(Целует ей руки.)* Ты рада, что ты дома? Я никак в себя не приду.

**Аня.** Прощай, дядя.

**Гаев** *(целует ей лицо, руки)* . Господь с тобой. Как ты похожа на свою мать! *(Сестре.)* Ты, Люба, в ее годы была точно такая.

*Аня подает руку Лопахину и Пищику, уходит и затворяет за собой дверь.*

**Любовь Андреевна.** Она утомилась очень.

**Пищик.** Дорога, небось, длинная.

**Варя** *(Лопахину и Пищику)* . Что ж, господа? Третий час, пора и честь знать.

**Любовь Андреевна** *(смеется)* . Ты все такая же, Варя. *(Привлекает ее к себе и целует.)* Вот выпью кофе, тогда все уйдем.

*Фирс кладет ей под ноги подушечку.*

Спасибо, родной. Я привыкла к кофе. Пью его и днем и ночью. Спасибо, мой старичок. *(Целует Фирса.)*
**Варя.** Поглядеть, все ли вещи привезли... *(Уходит.)*
**Любовь Андреевна.** Неужели это я сижу? *(Смеется.)* Мне хочется прыгать, размахивать руками. *(Закрывает лицо руками.)* А вдруг я сплю! Видит бог, я люблю родину, люблю нежно, я не могла смотреть из вагона, все плакала. *(Сквозь слезы.)* Однако же надо пить кофе. Спасибо тебе, Фирс, спасибо, мой старичок. Я так рада, что ты еще жив.
**Фирс.** Позавчера.
**Гаев.** Он плохо слышит.
**Лопахин.** Мне сейчас, в пятом часу утра, в Харьков ехать. Такая досада! Хотелось поглядеть на вас, поговорить... Вы все такая же великолепная.
**Пищик** *(тяжело дышит)* . Даже похорошела... Одета по-парижскому... пропадай моя телега, все четыре колеса...
**Лопахин.** Ваш брат, вот Леонид Андреич, говорит про меня, что я хам, я кулак, но это мне решительно все равно. Пускай говорит. Хотелось бы только, чтобы вы мне верили по-прежнему, чтобы ваши удивительные, трогательные глаза глядели на меня, как прежде. Боже милосердный! Мой отец был крепостным у вашего деда и отца, но вы, собственно вы, сделали для меня когда-то так много, что я забыл все и люблю вас, как родную... больше, чем родную.
**Любовь Андреевна.** Я не могу усидеть, не в состоянии. *(Вскакивает и ходит в сильном волнении.)* Я не переживу этой радости... Смейтесь надо мной, я глупая... Шкафик мой родной... *(Целует шкаф.)*

Столик мой.

**Гаев.** А без тебя тут няня умерла.

**Любовь Андреевна** *(садится и пьет кофе)* . Да, царство небесное. Мне писали.

**Гаев.** И Анастасий умер. Петрушка Косой от меня ушел и теперь в городе у пристава живет. *(Вынимает из кармана коробку с леденцами, сосет.)*

**Пищик.** Дочка моя, Дашенька... вам кланяется...

**Лопахин.** Мне хочется сказать вам что-нибудь очень приятное, веселое. *(Взглянув на часы.)* Сейчас уеду, некогда разговаривать... ну, да я в двух-трех словах. Вам уже известно, вишневый сад ваш продается за долги, на двадцать второе августа назначены торги, но вы не беспокоитесь, моя дорогая, спите себе спокойно, выход есть... Вот мой проект. Прошу внимания! Ваше имение находится только в двадцати верстах от города, возле прошла железная дорога, и если вишневый сад и землю по реке разбить на дачные участки и отдавать потом в аренду под дачи, то вы будете иметь самое малое двадцать пять тысяч в год дохода.

**Гаев.** Извините, какая чепуха!

**Любовь Андреевна.** Я вас не совсем понимаю, Ермолай Алексеич.

**Лопахин.** Вы будете брать с дачников самое малое по двадцать пять рублей в год за десятину, и если теперь же объявите, то, я ручаюсь чем угодно, у вас до осени не останется ни одного свободного клочка, все разберут. Одним словом, поздравляю, вы спасены. Местоположение чудесное, река глубокая. Только, конечно, нужно поубрать, почистить, например, скажем, снести все старые постройки, вот этот дом, который уже никуда не годится, вырубить старый вишневый сад...

**Любовь Андреевна.** Вырубить? Милый мой, простите, вы ничего не понимаете. Если во всей губернии есть что-нибудь интересное, даже замечательное, так это только наш вишневый сад.

**Лопахин.** Замечательного в этом саду только то, что он очень большой. Вишня родится раз в два года, да и ту девать некуда, никто не покупает.

**Гаев.** И в «Энциклопедическом словаре» упоминается про этот сад.

**Лопахин** *(взглянув на часы)* . Если ничего не придумаем и ни к чему не придем, то двадцать второго августа и вишневый сад, и все имение будут продавать с аукциона. Решайтесь же! Другого выхода нет, клянусь вам. Нет и нет.

**Фирс.** В прежнее время, лет сорок—пятьдесят назад, вишню сушили, мочили, мариновали, варенье варили, и, бывало...

**Гаев.** Помолчи, Фирс.

**Фирс.** И бывало, сушеную вишню возами отправляли в Москву и в Харьков. Денег было! И сушеная вишня тогда была мягкая, сочная, сладкая, душистая... Способ тогда знали...

**Любовь Андреевна.** А где же теперь этот способ?

**Фирс.** Забыли. Никто не помнит

**Пищик** *(Любови Андреевне)* . Что в Париже? Как? Ели лягушек?

**Любовь Андреевна.** Крокодилов ела.

**Пищик.** Вы подумайте...

**Лопахин.** До сих пор в деревне были только господа и мужики, а теперь появились еще дачники. Все города, даже самые небольшие, окружены теперь дачами. И можно сказать, дачник лет через двадцать размножится до необычайности. Теперь он только чаи пьет на балконе, но ведь может случиться, что на своей одной десятине он займется хозяйством, и тогда ваш вишневый сад станет счастливым, богатым, роскошным...

**Гаев** *(возмущаясь)* . Какая чепуха!

*Входят* **Варя** *и* **Яша** .

**Варя.** Тут, мамочка, вам две телеграммы. *(Выбирает ключ и со звоном отпирает старинный шкаф.)* Вот они.

**Любовь Андреевна.** Это из Парижа. *(Рвет телеграммы, не прочитав.)* С Парижем кончено...

**Гаев.** А ты знаешь, Люба, сколько этому шкафу лет? Неделю назад я выдвинул нижний ящик, гляжу, а там выжжены цифры. Шкаф сделан ровно сто лет тому назад. Каково? А? Можно было бы юбилей отпраздновать. Предмет неодушевленный, а все-таки, как-никак, книжный шкаф.

**Пищик** *(удивленно)* . Сто лет... Вы подумайте!..

**Гаев.** Да... Это вещь... *(Ощупав шкаф.)* Дорогой, многоуважаемый шкаф! Приветствую твое существование, которое вот уже больше ста лет было направлено к светлым идеалам добра и справедливости; твой молчаливый призыв к плодотворной работе не ослабевал в течение ста лет, поддерживая *(сквозь слезы)* в поколениях нашего рода бодрость, веру в лучшее будущее и воспитывая в нас идеалы добра и общественного самосознания.

*Пауза.*

**Лопахин.** Да...

**Любовь Андреевна.** Ты все такой же, Леня.

**Гаев** *(немного сконфуженный)* . От шара направо в

угол! Режу в среднюю!

**Лопахин** *(поглядев на часы)*. Ну, мне пора.

**Яша** *(подает Любови Андреевне лекарство)*. Может, примете сейчас пилюли...

**Пищик.** Не надо принимать медикаменты, милейшая... от них ни вреда, ни пользы... Дайте-ка сюда... многоуважаемая. *(Берет пилюли, высыпает их себе на ладонь, дует на них, кладет в рот и запивает квасом.)* Вот!

**Любовь Андреевна** *(испуганно)*. Да вы с ума сошли!

**Пищик.** Все пилюли принял.

**Лопахин.** Экая прорва.

*Все смеются.*

**Фирс.** Они были у нас на Святой, полведра огурцов скушали... *(Бормочет.)*

**Любовь Андреевна.** О чем это он?

**Варя.** Уж три года так бормочет. Мы привыкли.

**Яша.** Преклонный возраст.

*Шарлотта Ивановна в белом платье, очень худая, стянутая, с лорнеткой на поясе проходит через сцену.*

**Лопахин.** Простите, Шарлотта Ивановна, я не успел еще поздороваться с вами. *(Хочет поцеловать у нее руку.)*

**Шарлотта** *(отнимая руку)*. Если позволить вам поцеловать руку, то вы потом пожелаете в локоть, потом в плечо...

**Лопахин.** Не везет мне сегодня.

*Все смеются.*

Шарлотта Ивановна, покажите фокус!

**Любовь Андреевна.** Шарлотта, покажите фокус!

**Шарлотта.** Не надо. Я спать желаю. *(Уходит.)*

**Лопахин.** Через три недели увидимся. *(Целует Любови Андреевне руку.)* Пока прощайте. Пора. *(Гаеву.)* До свиданция. *(Целуется с Пищиком.)* До свиданция. *(Подает руку Варе, потом Фирсу и Яше.)* Не хочется уезжать. *(Любови Андреевне.)* Ежели надумаете насчет дач и решите, тогда дайте знать, я взаймы тысяч пятьдесят достану. Серьезно подумайте.

**Варя** *(сердито)* . Да уходите же наконец!

**Лопахин.** Ухожу, ухожу... *(Уходит.)*

**Гаев.** Хам. Впрочем, пардон... Варя выходит за него замуж, это Варин женишок.

**Варя.** Не говорите, дядечка, лишнего.

**Любовь Андреевна.** Что ж, Варя, я буду очень рада. Он хороший человек.

**Пищик.** Человек, надо правду говорить... достойнейший... И моя Дашенька... тоже говорит, что... разные слова говорит. *(Храпит, но тотчас же просыпается.)* А все-таки, многоуважаемая, одолжите мне... взаймы двести сорок рублей... завтра по закладной проценты платить...

**Варя** *(испуганно)* . Нету, нету!

**Любовь Андреевна.** У меня в самом деле нет ничего.

**Пищик.** Найдутся. *(Смеется.)* Не теряю никогда надежды. Вот, думаю, уж все пропало, погиб, ан глядь, — железная дорога по моей земле прошла, и... мне заплатили. А там, гляди, еще что-нибудь случится не сегодня-завтра... Двести тысяч выиграет Дашенька... у нее билет есть.

**Любовь Андреевна.** Кофе выпит, можно на покой.

**Фирс** *(чистит щеткой Гаева, наставительно)* . Опять не те брючки надели. И что мне с вами делать!

**Варя** *(тихо)*. Аня спит. *(Тихо отворяет окно.)* Уже взошло солнце, не холодно. Взгляните, мамочка: какие чудесные деревья! Боже мой, воздух! Скворцы поют!

**Гаев** *(отворяет другое окно)*. Сад весь белый. Ты не забыла, Люба? Вот эта длинная аллея идет прямо, прямо, точно протянутый ремень, она блестит в лунные ночи. Ты помнишь? Не забыла?

**Любовь Андреевна** *(глядит в окно на сад)*. О, мое детство, чистота моя! В этой детской я спала, глядела отсюда на сад, счастье просыпалось вместе со мною каждое утро, и тогда он был точно таким, ничто не изменилось. *(Смеется от радости.)* Весь, весь белый! О сад мой! После темной ненастной осени и холодной зимы опять ты молод, полон счастья, ангелы небесные не покинули тебя... Если бы снять с груди и с плеч моих тяжелый камень, если бы я могла забыть мое прошлое!

**Гаев.** Да, и сад продадут за долги, как это ни странно...

**Любовь Андреевна.** Посмотрите, покойная мама идет по саду... в белом платье! *(Смеется от радости.)* Это она.

**Гаев.** Где?

**Варя.** Господь с вами, мамочка.

**Любовь Андреевна.** Никого нет, мне показалось. Направо, на повороте к беседке, белое деревцо склонилось, похоже на женщину...

*Входит* **Трофимов** *в поношенном студенческом мундире, в очках.*

Какой изумительный сад! Белые массы цветов, голубое небо...

**Трофимов.** Любовь Андреевна!

*Она оглянулась на него.*

Я только поклонюсь вам и тотчас же уйду. *(Горячо целует руку.)* Мне приказано было ждать до утра, но у меня не хватило терпения...

*Любовь Андреевна глядит с недоумением.*

**Варя** *(сквозь слезы)* . Это Петя Трофимов...

**Трофимов.** Петя Трофимов, бывший учитель вашего Гриши... Неужели я так изменился?

*Любовь Андреевна обнимает его и тихо плачет.*

**Гаев** *(смущенно)* . Полно, полно, Люба.

**Варя** *(плачет)* . Говорила ведь, Петя, чтобы погодили до завтра.

**Любовь Андреевна.** Гриша мой... мой мальчик... Гриша... сын...

**Варя.** Что же делать, мамочка. Воля божья.

**Трофимов** *(мягко, сквозь слезы)* . Будет, будет...

**Любовь Андреевна** *(тихо плачет)* . Мальчик погиб, утонул... Для чего? Для чего, мой друг. *(Тише.)* Там Аня спит, а я громко говорю... поднимаю шум... Что же, Петя? Отчего вы так подурнели? Отчего постарели?

**Трофимов.** Меня в вагоне одна баба назвала так: облезлый барин.

**Любовь Андреевна.** Вы были тогда совсем мальчиком, милым студентиком, а теперь волосы не густые, очки. Неужели вы все еще студент? *(Идет к двери.)*

**Трофимов.** Должно быть, я буду вечным студентом.

**Любовь Андреевна** *(целует брата, потом Варю)* . Ну,

идите спать… Постарел и ты, Леонид.

**Пищик** *(идет за ней)*. Значит, теперь спать… Ох, подагра моя. Я у вас останусь… Мне бы, Любовь Андреевна, душа моя, завтра утречком… двести сорок рублей…

**Гаев.** А этот все свое.

**Пищик.** Двести сорок рублей… проценты по закладной платить.

**Любовь Андреевна.** Нет у меня денег, голубчик.

**Пищик.** Отдам, милая… Сумма пустяшная…

**Любовь Андреевна.** Ну, хорошо, Леонид даст… Ты дай, Леонид.

**Гаев.** Дам я ему, держи карман.

**Любовь Андреевна.** Что же делать, дай… Ему нужно… Он отдаст.

*Любовь Андреевна, Трофимов, Пищик и Фирс уходят. Остаются Гаев, Варя и Яша.*

**Гаев.** Сестра не отвыкла еще сорить деньгами. *(Яше.)* Отойди, любезный, от тебя курицей пахнет.

**Яша** *(с усмешкой)*. А вы, Леонид Андреич, все такой же, как были.

**Гаев.** Кого? *(Варе.)* Что он сказал?

**Варя** *(Яше)*. Твоя мать пришла из деревни, со вчерашнего дня сидит в людской, хочет повидаться…

**Яша.** Бог с ней совсем!

**Варя.** Ах бесстыдник!

**Яша.** Очень нужно. Могла бы и завтра прийти. *(Уходит.)*

**Варя.** Мамочка такая же, как была, нисколько не изменилась. Если бы ей волю, она бы все раздала.

**Гаев.** Да…

*Пауза.*

Если против какой-нибудь болезни предлагается очень много средств, то это значит, что болезнь неизлечима. Я думаю, напрягаю мозги, у меня много средств, очень много и, значит, в сущности, ни одного. Хорошо бы получить от кого-нибудь наследство, хорошо бы выдать нашу Аню за очень богатого человека, хорошо бы поехать в Ярославль и попытать счастья у тетушки-графини. Тетка ведь очень, очень богата.

**Варя** *(плачет)*. Если бы бог помог.

**Гаев.** Не реви. Тетка очень богата, но нас она не любит. Сестра, во-первых, вышла замуж за присяжного поверенного, не дворянина...

**Аня** *показывается в дверях.*

Вышла за не дворянина и вела себя нельзя сказать чтобы очень добродетельно. Она хорошая, добрая, славная, я ее очень люблю, но, как там ни придумывай смягчающие обстоятельства, все же, надо сознаться, она порочна. Это чувствуется в ее малейшем движении.

**Варя** *(шепотом)*. Аня стоит в дверях.

**Гаев.** Кого?

*Пауза.*

Удивительно, мне что-то в правый глаз попало... плохо стал видеть. И в четверг, когда я был в окружном суде...

*Входит **Аня**.*

**Варя.** Что же ты не спишь, Аня?

**Аня.** Не спится. Не могу.

**Гаев.** Крошка моя. *(Целует Ане лицо, руки.)* Дитя мое... *(Сквозь слезы.)* Ты не племянница, ты мой ангел, ты для меня все. Верь мне, верь...

**Аня.** Я верю тебе, дядя. Тебя все любят, уважают... но, милый дядя, тебе надо молчать, только молчать. Что ты говорил только что про мою маму, про свою сестру? Для чего ты это говорил?

**Гаев.** Да, да... *(Ее рукой закрывает себе лицо.)* В самом деле, это ужасно! Боже мой! Боже, спаси меня! И сегодня я речь говорил перед шкафом... так глупо! И только когда кончил, понял, что глупо.

**Варя.** Правда, дядечка, вам надо бы молчать. Молчите себе, и все.

**Аня.** Если будешь молчать, то тебе же самому будет покойнее.

**Гаев.** Молчу. *(Целует Ане и Варе руки.)* Молчу. Только вот о деле. В четверг я был в окружном суде, ну, сошлась компания, начался разговор о том о сем, пятое-десятое, и, кажется, вот можно будет устроить заем под векселя, чтобы заплатить проценты в банк.

**Варя.** Если бы господь помог!

**Гаев.** Во вторник поеду, еще раз поговорю. *(Варе.)* Не реви. *(Ане.)* Твоя мама поговорит с Лопахиным; он, конечно, ей не откажет... А ты, как отдохнешь, поедешь в Ярославль к графине, твоей бабушке. Вот так и будем действовать с трех концов — и дело наше в шляпе. Проценты мы заплатим, я убежден... *(Кладет в рот леденец.)* Честью моей, чем хочешь, клянусь, имение не будет продано! *(Возбужденно.)* Счастьем моим клянусь! Вот тебе моя рука, назови меня тогда дрянным, бесчестным человеком, если я допущу до аукциона! Всем существом моим клянусь!

**Аня** *(спокойное настроение вернулось к ней, она счастлива)* . Какой ты хороший, дядя, какой умный! *(Обнимает дядю.)* Я теперь покойна! Я покойна! Я счастлива!

*Входит* **Фирс** .

**Фирс** *(укоризненно)* . Леонид Андреич, бога вы не боитесь! Когда же спать?

**Гаев.** Сейчас, сейчас. Ты уходи, Фирс. Я уж, так и быть, сам разденусь. Ну, детки, бай-бай... Подробности завтра, а теперь идите спать. *(Целует Аню и Варю.)* Я человек восьмидесятых годов... Не хвалят это время, но все же могу сказать, за убеждения мне доставалось немало в жизни. Недаром меня мужик любит. Мужика надо знать! Надо знать, с какой...

**Аня.** Опять ты, дядя!

**Варя.** Вы, дядечка, молчите.

**Фирс** *(сердито)* . Леонид Андреич!

**Гаев.** Иду, иду... Ложитесь. От двух бортов в середину! Кладу чистого... *(Уходит, за ним семенит Фирс.)*

**Аня.** Я теперь покойна. В Ярославль ехать не хочется, я не люблю бабушку, но все же я покойна. Спасибо дяде. *(Садится.)*

**Варя.** Надо спать. Пойду. А тут без тебя было неудовольствие. В старой людской, как тебе известно, живут одни старые слуги: Ефимьюшка, Поля, Евстигней, ну и Карп. Стали они пускать к себе ночевать каких-то проходимцев — я промолчала. Только вот, слышу, распустили слух, будто я велела кормить их одним только горохом. От скупости, видишь ли... И это все Евстигней... Хорошо, думаю. Коли так, думаю, то погоди же. Зову я Евстигнея...

*(Зевает.)* Приходит... Как же ты, говорю, Евстигней... дурак ты этакой... *(Поглядев на Аню.)* Анечка!..

*Пауза.*

Заснула!.. *(Берет Аню под руку.)* Пойдем в постельку... Пойдем!.. *(Ведет ее.)* Душечка моя уснула! Пойдем...

*Идут.*
*Далеко за садом пастух играет на свирели.* **Трофимов** *идет через сцену и, увидев Варю и Аню, останавливается.*

Тссс... Она спит... спит... Пойдем, родная.

**Аня** *(тихо, в полусне)* . Я так устала... все колокольчики... Дядя... милый... и мама и дядя...

**Варя.** Пойдем, родная, пойдем... *(Уходит в комнату Ани.)*

**Трофимов** *(в умилении)* . Солнышко мое! Весна моя!

### Занавес

# Действие второе

*Поле. Старая, покривившаяся, давно заброшенная часовенка, возле нее колодец, большие камни, когда-то бывшие, по-видимому, могильными плитами, и старая скамья. Видна дорога в усадьбу Гаева. В стороне, возвышаясь, темнеют тополи: там начинается вишневый сад. Вдали ряд телеграфных столбов, и далеко-далеко на горизонте неясно обозначается большой город, который бывает виден только в очень хорошую, ясную погоду. Скоро сядет солнце. Шарлотта, Яша и Дуняша сидят на скамье; Епиходов стоит возле и играет на гитаре; все сидят задумавшись. Шарлотта в старой фуражке: она сняла с плеч ружье и поправляет пряжку на ремне.*

**Шарлотта** *(в раздумье)* . У меня нет настоящего паспорта, я не знаю, сколько мне лет, и мне все кажется, что я молоденькая. Когда я была маленькой девочкой, то мой отец и мамаша ездили по ярмаркам и давали представления, очень хорошие. А я прыгала salto mortale и разные штучки. И когда папаша и мамаша умерли, меня взяла к себе одна немецкая госпожа и стала меня учить. Хорошо. Я выросла, потом пошла в гувернантки. А откуда я и кто я — не знаю... Кто мои родители, может, они не венчались... не знаю. *(Достает из кармана огурец и ест.)* Ничего не знаю.

*Пауза.*

Так хочется поговорить, а не с кем... Никого у меня нет.

**Епиходов** *(играет на гитаре и поет)* . «Что мне до шумного света, что мне друзья и враги...» Как приятно играть на мандолине!

**Дуняша.** Это гитара, а не мандолина. *(Глядится в зеркальце и пудрится.)*

**Епиходов.** Для безумца, который влюблен, это мандолина... *(Напевает.)* «Было бы сердце согрето жаром взаимной любви...»

*Яша подпевает.*

**Шарлотта.** Ужасно поют эти люди... фуй! Как шакалы.

**Дуняша** *(Яше)* . Все-таки какое счастье побывать за границей.

**Яша.** Да, конечно. Не могу с вами не согласиться. *(Зевает, потом закуривает сигару.)*

**Епиходов.** Понятное дело. За границей все давно уж в полной комплекции.

**Яша.** Само собой.

**Епиходов.** Я развитой человек, читаю разные замечательные книги, но никак не могу понять направления, чего мне собственно хочется, жить мне или застрелиться, собственно говоря, но тем не менее я всегда ношу при себе револьвер. Вот он... *(Показывает револьвер.)*

**Шарлотта.** Кончила. Теперь пойду. (Надевает ружье.) Ты, Епиходов, очень умный человек и очень страшный; тебя должны безумно любить женщины. Бррр! *(Идет.)* Эти умники все такие глупые, не с кем мне поговорить... Все одна, одна, никого у меня нет и... и кто я, зачем я, неизвестно... *(Уходит не спеша.)*

**Епиходов.** Собственно говоря, не касаясь других предметов, я должен выразиться о себе, между прочим, что судьба относится ко мне без сожаления, как буря к небольшому кораблю. Если, допустим, я ошибаюсь, тогда зачем же сегодня утром я просыпаюсь, к примеру сказать, гляжу, а у меня на груди страшной величины паук... Вот такой. *(Показывает обеими руками.)* И тоже квасу возьмешь, чтобы напиться, а там, глядишь, что-нибудь в высшей степени неприличное, вроде таракана.

*Пауза.*

Вы читали Бокля?

*Пауза.*

Я желаю побеспокоить вас, Авдотья Федоровна, на пару слов.
**Дуняша.** Говорите.
**Епиходов.** Мне бы желательно с вами наедине... *(Вздыхает.)*
**Дуняша** *(смущенно)* . Хорошо... только сначала принесите мне мою тальмочку... Она около шкафа... тут немножко сыро...
**Епиходов.** Хорошо-с... принесу-с... Теперь я знаю, что мне делать с моим револьвером... *(Берет гитару и уходит, наигрывая.)*
**Яша.** Двадцать два несчастья! Глупый человек, между нами говоря. *(Зевает.)*
**Дуняша.** Не дай бог, застрелится.

*Пауза.*

Я стала тревожная, все беспокоюсь. Меня еще девочкой взяли к господам, я теперь отвыкла от простой жизни, и вот руки белые-белые, как у барышни. Нежная стала, такая деликатная, благородная, всего боюсь... Страшно так. И если вы,

Яша, обманете меня, то я не знаю, что будет с моими нервами.

**Яша** *(целует ее)* . Огурчик! Конечно, каждая девушка должна себя помнить, и я больше всего не люблю, ежели девушка дурного поведения.

**Дуняша.** Я страстно полюбила вас, вы образованный, можете обо всем рассуждать.

*Пауза.*

**Яша** *(зевает)* . Да-с… По-моему, так: ежели девушка кого любит, то она, значит, безнравственная.

*Пауза.*

Приятно выкурить сигару на чистом воздухе… *(Прислушивается.)* Сюда идут… Это господа…

*Дуняша порывисто обнимает его.*

Идите домой, будто ходили на реку купаться, идите этой дорожкой, а то встретятся и подумают про меня, будто я с вами на свидании. Терпеть этого не могу.

**Дуняша** *(тихо кашляет)* . У меня от сигары голова разболелась… *(Уходит.)*

*Яша остается, сидит возле часовни. Входят* ***Любовь Андреевна, Гаев*** *и* ***Лопахин*** .

**Лопахин.** Надо окончательно решить — время не ждет. Вопрос ведь совсем пустой. Согласны вы отдать землю под дачи или нет? Ответьте одно слово: да или нет? Только одно слово!

**Любовь Андреевна.** Кто это здесь курит

отвратительные сигары... *(Садится.)*

**Гаев.** Вот железную дорогу построили, и стало удобно. *(Садится.)* Съездили в город и позавтракали... желтого в середину! Мне бы сначала пойти в дом, сыграть одну партию...

**Любовь Андреевна.** Успеешь.

**Лопахин.** Только одно слово! *(Умоляюще.)* Дайте же мне ответ!

**Гаев** *(зевая)*. Кого?

**Любовь Андреевна** *(глядит в свое портмоне)*. Вчера было много денег, а сегодня совсем мало. Бедная моя Варя из экономии кормит всех молочным супом, на кухне старикам дают один горох, а я трачу как-то бессмысленно... *(Уронила портмоне, рассыпала золотые.)* Ну, посыпались... *(Ей досадно.)*

**Яша.** Позвольте, я сейчас подберу. *(Собирает монеты.)*

**Любовь Андреевна.** Будьте добры, Яша. И зачем я поехала завтракать... Дрянной ваш ресторан с музыкой, скатерти пахнут мылом... Зачем так много пить, Леня? Зачем так много есть? Зачем так много говорить? Сегодня в ресторане ты говорил опять много и все некстати. О семидесятых годах, о декадентах. И кому? Половым говорить о декадентах!

**Лопахин.** Да.

**Гаев** *(машет рукой)*. Я неисправим, это очевидно... *(Раздраженно Яше.)* Что такое, постоянно вертишься перед глазами...

**Яша** *(смеется)*. Я не могу без смеха вашего голоса слышать.

**Гаев** *(сестре)*. Или я, или он...

**Любовь Андреевна.** Уходите, Яша, ступайте...

**Яша** *(отдает Любови Андреевне кошелек)*. Сейчас уйду. *(Едва удерживается от смеха.)* Сию минуту...

*(Уходит.)*

**Лопахин.** Ваше имение собирается купить богач Дериганов. На торги, говорят, приедет сам лично.

**Любовь Андреевна.** А вы откуда слышали?

**Лопахин.** В городе говорят.

**Гаев.** Ярославская тетушка обещала прислать, а когда и сколько пришлет, неизвестно...

**Лопахин.** Сколько она пришлет? Тысяч сто? Двести?

**Любовь Андреевна.** Ну... Тысяч десять—пятнадцать, и на том спасибо.

**Лопахин.** Простите, таких легкомысленных людей, как вы, господа, таких неделовых, странных, я еще не встречал. Вам говорят русским языком, имение ваше продается, а вы точно не понимаете.

**Любовь Андреевна.** Что же нам делать? Научите, что?

**Лопахин.** Я вас каждый день учу. Каждый день я говорю все одно и то же. И вишневый сад и землю необходимо отдать в аренду под дачи, сделать это теперь же, поскорее — аукцион на носу! Поймите! Раз окончательно решите, чтобы были дачи, так денег вам дадут сколько угодно, и вы тогда спасены.

**Любовь Андреевна.** Дачи и дачники — это так пошло, простите.

**Гаев.** Совершенно с тобой согласен.

**Лопахин.** Я или зарыдаю, или закричу, или в обморок упаду. Не могу! Вы меня замучили! *(Гаеву.)* Баба вы!

**Гаев.** Кого?

**Лопахин.** Баба! *(Хочет уйти.)*

**Любовь Андреевна** *(испуганно)* . Нет, не уходите, останьтесь, голубчик. Прошу вас. Может быть, надумаем что-нибудь!

**Лопахин.** О чем тут думать!

**Любовь Андреевна.** Не уходите, прошу вас. С вами

все-таки веселее...

*Пауза.*

Я все жду чего-то, как будто над нами должен обвалиться дом.

**Гаев** *(в глубоком раздумье)* . Дуплет в угол... Круазе в середину...

**Любовь Андреевна.** Уж очень много мы грешили...

**Лопахин.** Какие у вас грехи...

**Гаев** *(кладет в рот леденец)* . Говорят, что я все свое состояние проел на леденцах... *(Смеется.)*

**Любовь Андреевна.** О, мои грехи... Я всегда сорила деньгами без удержу, как сумасшедшая, и вышла замуж за человека, который делал одни только долги. Муж мой умер от шампанского, — он страшно пил, — и на несчастье я полюбила другого, сошлась, и как раз в это время, — это было первое наказание, удар прямо в голову, — вот тут на реке... утонул мой мальчик, и я уехала за границу, совсем уехала, чтобы никогда не возвращаться, не видеть этой реки... Я закрыла глаза, бежала, себя не помня, а он за мной... безжалостно, грубо. Купила я дачу возле Ментоны, так как он заболел там, и три года я не знала отдыха ни днем, ни ночью; больной измучил меня, душа моя высохла. А в прошлом году, когда дачу продали за долги, я уехала в Париж, и там он обобрал меня, бросил, сошелся с другой, я пробовала отравиться... Так глупо, так стыдно... И потянуло вдруг в Россию, на родину, к девочке моей... *(Утирает слезы.)* Господи, господи, будь милостив, прости мне грехи мои! Не наказывай меня больше! *(Достает из кармана телеграмму.)* Получила сегодня из Парижа... Просит прощения, умоляет вернуться... *(Рвет телеграмму.)* Словно где-то музыка. *(Прислушивается.)*

**Гаев.** Это наш знаменитый еврейский оркестр. Помнишь, четыре скрипки, флейта и контрабас.

**Любовь Андреевна.** Он еще существует? Его бы к нам зазвать как-нибудь, устроить вечерок.

**Лопахин** *(прислушивается).* Не слыхать... *(Тихо напевает.)* «И за деньги русака немцы офранцузят». *(Смеется.)* Какую я вчера пьесу смотрел в театре, очень смешно.

**Любовь Андреевна.** И, наверное, ничего нет смешного. Вам не пьесы смотреть, а смотреть бы почаще на самих себя. Как вы все серо живете, как много говорите ненужного.

**Лопахин.** Это правда. Надо прямо говорить, жизнь у нас дурацкая...

*Пауза.*

Мой папаша был мужик, идиот, ничего не понимал, меня не учил, а только бил спьяна, и все палкой. В сущности, и я такой же болван и идиот. Ничему не обучался, почерк у меня скверный, пишу я так, что от людей совестно, как свинья.

**Любовь Андреевна.** Жениться вам нужно, мой друг.

**Лопахин.** Да... Это правда.

**Любовь Андреевна.** На нашей бы Варе. Она хорошая девушка.

**Лопахин.** Да.

**Любовь Андреевна.** Она у меня из простых, работает целый день, а главное, вас любит. Да и вам-то давно нравится.

**Лопахин.** Что же? Я не прочь... Она хорошая девушка.

*Пауза.*

**Гаев.** Мне предлагают место в банке. Шесть тысяч в год... Слыхала?

**Любовь Андреевна.** Где тебе! Сиди уж...

*Фирс входит; он принес пальто.*

**Фирс** *(Гаеву)*. Извольте, сударь, надеть, а то сыро.

**Гаев** *(надевает пальто)*. Надоел ты, брат.

**Фирс.** Нечего там... Утром уехали, не сказавшись. *(Оглядывает его.)*

**Любовь Андреевна.** Как ты постарел, Фирс!

**Фирс.** Чего изволите?

**Лопахин.** Говорят, ты постарел очень!

**Фирс.** Живу давно. Меня женить собирались, а вашего папаши еще на свете не было... *(Смеется.)* А воля вышла, я уже старшим камердинером был. Тогда я не согласился на волю, остался при господах...

*Пауза.*

И помню, все рады, а чему рады, и сами не знают.

**Лопахин.** Прежде очень хорошо было. По крайней мере драли.

**Фирс** *(не расслышав)*. А еще бы. Мужики при господах, господа при мужиках, а теперь все враздробь, не поймешь ничего.

**Гаев.** Помолчи, Фирс. Завтра мне нужно в город. Обещали познакомить с одним генералом, который может дать под вексель.

**Лопахин.** Ничего у вас не выйдет. И не заплатите вы процентов, будьте покойны.

**Любовь Андреевна.** Это он бредит. Никаких генералов нет.

*Входят **Трофимов, Аня** и **Варя**.*

**Гаев.** А вот и наши идут.

**Аня.** Мама сидит.

**Любовь Андреевна** *(нежно)*. Иди, иди... Родные мои... *(Обнимая Аню и Варю)*. Если бы вы обе знали, как я вас люблю. Садитесь рядом, вот так.

*Все усаживаются.*

**Лопахин.** Наш вечный студент все с барышнями ходит.

**Трофимов.** Не ваше дело.

**Лопахин.** Ему пятьдесят лет скоро, а он все еще студент.

**Трофимов.** Оставьте ваши дурацкие шутки.

**Лопахин.** Что же ты, чудак, сердишься?

**Трофимов.** А ты не приставай.

**Лопахин** *(смеется)*. Позвольте вас спросить, как вы обо мне понимаете?

**Трофимов.** Я, Ермолай Алексеич, так понимаю: вы богатый человек, будете скоро миллионером. Вот как в смысле обмена веществ нужен хищный зверь, который съедает все, что попадается ему на пути, так и ты нужен.

*Все смеются.*

**Варя.** Вы, Петя, расскажите лучше о планетах.

**Любовь Андреевна.** Нет, давайте продолжим вчерашний разговор.

**Трофимов.** О чем это?

**Гаев.** О гордом человеке.

**Трофимов.** Мы вчера говорили долго, но ни к чему не пришли. В гордом человеке, в вашем смысле, есть что-то мистическое. Быть может, вы и правы по-своему, но если рассуждать попросту, без затей, то какая там гордость, есть ли в ней смысл, если человек физиологически устроен неважно, если в своем громадном большинстве он груб, неумен, глубоко несчастлив. Надо перестать восхищаться собой. Надо бы только работать.

**Гаев.** Все равно умрешь.

**Трофимов.** Кто знает? И что значит — умрешь? Быть может, у человека сто чувств и со смертью погибают только пять, известных нам, а остальные девяносто пять остаются живы.

**Любовь Андреевна.** Какой вы умный, Петя!..

**Лопахин** *(иронически)*. Страсть!

**Трофимов.** Человечество идет вперед, совершенствуя свои силы. Все, что недосягаемо для него теперь, когда-нибудь станет близким, понятным, только вот надо работать, помогать всеми силами тем, кто ищет истину. У нас, в России, работают пока очень немногие. Громадное большинство той интеллигенции, какую я знаю, ничего не ищет, ничего не делает и к труду пока не способно. Называют себя интеллигенцией, а прислуге говорят «ты», с мужиками обращаются, как с животными, учатся плохо, серьезно ничего не читают, ровно ничего не делают, о науках только говорят, в искусстве понимают мало. Все серьезны, у всех строгие лица, все говорят только о важном, философствуют, а между тем у всех на глазах рабочие едят отвратительно, спят без подушек, по тридцати, по сорока в одной комнате, везде клопы, смрад, сырость, нравственная нечистота... И, очевидно, все хорошие разговоры у нас для того только, чтобы отвести глаза себе и другим. Укажите мне, где у нас ясли, о которых говорят так много и часто, где читальни? О них только в романах пишут, на деле же их нет совсем. Есть только грязь, пошлость, азиатчина... Я боюсь и не люблю очень серьезных физиономий, боюсь серьезных разговоров. Лучше помолчим!

**Лопахин.** Знаете, я встаю в пятом часу утра, работаю с утра до вечера, ну, у меня постоянно деньги свои и чужие, и я вижу, какие кругом люди. Надо только начать делать что-нибудь, чтобы понять, как мало честных, порядочных людей. Иной раз, когда не спится, я думаю: господи, ты дал нам громадные леса, необъятные поля, глубочайшие горизонты, и, живя тут, мы сами должны бы по-настоящему быть великанами...

**Любовь Андреевна.** Вам понадобились великаны... Они только в сказках хороши, а так они пугают.

*В глубине сцены проходит* **Епиходов** *и играет на гитаре.*

*(Задумчиво.)* Епиходов идет...

**Аня** *(задумчиво)*. Епиходов идет...

**Гаев.** Солнце село, господа.

**Трофимов.** Да.

**Гаев** *(негромко, как бы декламируя)*. О природа, дивная, ты блещешь вечным сиянием, прекрасная и равнодушная, ты, которую мы называем матерью, сочетаешь в себе бытие и смерть, ты живишь и разрушаешь...

**Варя** *(умоляюще)*. Дядечка!

**Аня.** Дядя, ты опять!

**Трофимов.** Вы лучше желтого в середину дуплетом.

**Гаев.** Я молчу, молчу.

*Все сидят, задумались. Тишина. Слышно только, как тихо бормочет Фирс. Вдруг раздается отдаленный звук, точно с неба, звук лопнувшей струны, замирающий, печальный.*

**Любовь Андреевна.** Это что?
**Лопахин.** Не знаю. Где-нибудь далеко в шахтах сорвалась бадья. Но где-нибудь очень далеко.
**Гаев.** А может быть, птица какая-нибудь... вроде цапли.
**Трофимов.** Или филин...
**Любовь Андреевна** *(вздрагивает)* . Неприятно почему-то.

*Пауза.*

**Фирс.** Перед несчастьем то же было: и сова кричала, и самовар гудел бесперечь.
**Гаев.** Перед каким несчастьем?
**Фирс.** Перед волей.

*Пауза.*

**Любовь Андреевна.** Знаете, друзья, пойдемте, уже вечереет. *(Ане.)* У тебя на глазах слезы... Что ты, девочка? *(Обнимает ее.)*
**Аня.** Это так, мама. Ничего.
**Трофимов.** Кто-то идет.

*Показывается **прохожий** в белой потасканной фуражке, в пальто; он слегка пьян.*

**Прохожий.** Позвольте вас спросить, могу ли я пройти здесь прямо на станцию?

**Гаев.** Можете. Идите по этой дороге.

**Прохожий.** Чувствительно вам благодарен. *(Кашлянув.)* Погода превосходная... *(Декламирует.)* Брат мой, страдающий брат... выдь на Волгу, чей стон... *(Варе.)* Мадемуазель, позвольте голодному россиянину копеек тридцать...

*Варя испугалась, вскрикивает.*

**Лопахин** *(сердито)* . Всякому безобразию есть свое приличие!

**Любовь Андреевна** *(оторопев)* . Возьмите... вот вам... *(Ищет в портмоне.)* Серебра нет... Все равно, вот вам золотой...

**Прохожий.** Чувствительно вам благодарен! *(Уходит.)*

*Смех.*

**Варя** *(испуганная)* . Я уйду... я уйду... Ах, мамочка, дома людям есть нечего, а вы ему отдали золотой.

**Любовь Андреевна.** Что ж со мной, глупой, делать! Я тебе дома отдам все, что у меня есть. Ермолай Алексеич, дадите мне еще взаймы!..

**Лопахин.** Слушаю.

**Любовь Андреевна.** Пойдемте, господа, пора. А тут, Варя, мы тебя совсем просватали, поздравляю.

**Варя** *(сквозь слезы)* . Этим, мама, шутить нельзя.

**Лопахин.** Охмелия, иди в монастырь...

**Гаев.** А у меня дрожат руки: давно не играл на бильярде.

**Лопахин.** Охмелия, о нимфа, помяни меня в твоих молитвах!

**Любовь Андреевна.** Идемте, господа. Скоро ужинать.

**Варя.** Напугал он меня. Сердце так и стучит.

**Лопахин.** Напоминаю вам, господа: двадцать второго августа будет продаваться вишневый сад. Думайте об этом!.. Думайте!..

*Уходят все, кроме Трофимова и Ани.*

**Аня** *(смеясь)*. Спасибо прохожему, напугал Варю, теперь мы одни.

**Трофимов.** Варя боится, а вдруг мы полюбим друг друга, и целые дни не отходит от нас. Она своей узкой головой не может понять, что мы выше любви. Обойти то мелкое и призрачное, что мешает быть свободным и счастливым, — вот цель и смысл нашей жизни. Вперед! Мы идем неудержимо к яркой звезде, которая горит там вдали! Вперед! Не отставай, друзья!

**Аня** *(всплескивая руками)*. Как хорошо вы говорите!

*Пауза.*

Сегодня здесь дивно!

**Трофимов.** Да, погода удивительная.

**Аня.** Что вы со мной сделали, Петя, отчего я уже не люблю вишневого сада, как прежде. Я любила его так нежно, мне казалось, на земле нет лучше места, как наш сад.

**Трофимов.** Вся Россия наш сад. Земля велика и прекрасна, есть на ней много чудесных мест.

*Пауза.*

Подумайте, Аня: ваш дед, прадед и все ваши предки были крепостники, владевшие живыми душами, и неужели с каждой вишни в саду, с каждого листка, с каждого ствола не глядят на вас человеческие существа, неужели вы не слышите голосов... Владеть живыми душами — ведь это переродило всех вас, живших раньше и теперь живущих, так что ваша мать, вы, дядя уже не замечаете, что вы живете в долг, на чужой счет, на счет тех людей, которых вы не пускаете дальше передней... Мы отстали по крайней мере лет на двести, у нас нет еще ровно ничего, нет определенного отношения к прошлому, мы только философствуем, жалуемся на тоску или пьем водку. Ведь так ясно, чтобы начать жить в настоящем, надо сначала искупить наше прошлое, покончить с ним, а искупить его можно только страданием, только необычайным, непрерывным трудом. Поймите это, Аня.

**Аня.** Дом, в котором мы живем, давно уже не наш дом, и я уйду, даю вам слово.

**Трофимов.** Если у вас есть ключи от хозяйства, то бросьте их в колодец и уходите. Будьте свободны, как ветер.

**Аня** *(в восторге)* . Как хорошо вы сказали!

**Трофимов.** Верьте мне, Аня, верьте! Мне еще нет тридцати, я молод, я еще студент, но я уже столько вынес! Как зима, так я голоден, болен, встревожен, беден, как нищий, и — куда только судьба не гоняла меня, где я только не был! И все же душа моя всегда, во всякую минуту, и днем и ночью, была полна неизъяснимых предчувствий. Я предчувствую счастье, Аня, я уже вижу его...

**Аня** *(задумчиво)* . Восходит луна.

*Слышно, как Епиходов играет на гитаре все ту же грустную песню. Восходит луна. Где-то около тополей*

*Варя ищет Аню и зовет: «Аня! Где ты?»*

**Трофимов.** Да, восходит луна.

*Пауза.*

Вот оно, счастье, вот оно идет, подходит все ближе и ближе, я уже слышу его шаги. И если мы не увидим, не узнаем его, то что за беда? Его увидят другие!

*Голос Вари: «Аня! Где ты?»*

Опять эта Варя! *(Сердито.)* Возмутительно!
**Аня.** Что ж? Пойдемте к реке. Там хорошо.
**Трофимов.** Пойдемте.

*Идут.*
*Голос Вари: «Аня! Аня!»*

### Занавес

# Действие третье

*Гостиная, отделенная аркой от залы. Горит люстра. Слышно, как в передней играет еврейский оркестр, тот самый, о котором упоминается во втором акте. Вечер. В зале танцуют grand-rond. Голос Симеонова-Пищика: «Promenade a une paire!» Выходят в гостиную: в первой паре* **Пищик** *и* **Шарлотта Ивановна** *, во второй —* **Трофимов** *и* **Любовь Андреевна** *, в третьей —* **Аня** *с* **почтовым чиновником** *, в четвертой —* **Варя** *с* **начальником станции** *и т. д. Варя тихо плачет и, танцуя, утирает слезы. В последней паре* **Дуняша** *. Идут по гостиной. Пищик кричит: «Grand-rond, balancez!» и «Les cavaliers a genoux et remerciez vos dames!»* [1]
***Фирс*** *во фраке проносит на подносе сельтерскую воду. Входят в гостиную* **Пищик** *и* **Трофимов** *.*

**Пищик.** Я полнокровный, со мной уже два раза удар был, танцевать трудно, но, как говорится, попал в стаю, лай не лай, а хвостом виляй. Здоровье-то у меня лошадиное. Мой покойный родитель, шутник, царство небесное, насчет нашего происхождения говорил так, будто древний род наш Симеоновых-Пищиков происходит будто бы от той самой лошади, которую Калигула посадил в сенате... *(Садится.)* Но вот беда: денег нет! Голодная собака верует только в мясо... *(Храпит и тотчас же просыпается.)* Так и я... могу только про деньги...

**Трофимов.** А у вас в фигуре в самом деле есть что-то лошадиное.

**Пищик.** Что ж... лошадь хороший зверь... лошадь

---

1 «Променад парами!»... «Большой круг, баланс!»... «Кавалеры, на колени и благодарите дам» (фр.).

продать можно...

*Слышно, как в соседней комнате играют на бильярде. В зале под аркой показывается **Варя**.*

**Трофимов** *(дразнит)*. Мадам Лопахина! Мадам Лопахина!..

**Варя** *(сердито)*. Облезлый барин!

**Трофимов.** Да, я облезлый барин и горжусь этим!

**Варя** *(в горьком раздумье)*. Вот наняли музыкантов, а чем платить? *(Уходит.)*

**Трофимов** *(Пищику)*. Если бы энергия, которую вы в течение всей вашей жизни затратили на поиски денег для уплаты процентов, пошла у вас на что-нибудь другое, то, вероятно, в конце концов вы могли бы перевернуть землю.

**Пищик.** Ницше... философ... величайший, знаменитейший... громадного ума человек, говорит в своих сочинениях, будто фальшивые бумажки делать можно.

**Трофимов.** А вы читали Ницше?

**Пищик.** Ну... Мне Дашенька говорила. А я теперь в таком положении, что хоть фальшивые бумажки делай... Послезавтра триста десять рублей платить... Сто тридцать уже достал... *(Ощупывает карманы, встревоженно.)* Деньги пропали! Потерял деньги! *(Сквозь слезы.)* Где деньги? *(Радостно)*. Вот они, за подкладкой... Даже в пот ударило...

*Входят **Любовь Андреевна** и **Шарлотта Ивановна**.*

**Любовь Андреевна** *(напевает лезгинку)*. Отчего так долго нет Леонида? Что он делает в городе? *(Дуняше.)* Дуняша, предложите музыкантам чаю...

**Трофимов.** Торги не состоялись, по всей вероятности.

**Любовь Андреевна.** И музыканты пришли некстати, и бал мы затеяли некстати... Ну, ничего... *(Садится и тихо напевает.)*

**Шарлотта** *(подает Пищику колоду карт)*. Вот вам колода карт, задумайте какую-нибудь одну карту.

**Пищик.** Задумал.

**Шарлотта.** Тасуйте теперь колоду. Очень хорошо. Дайте сюда, о мой милый господин Пищик. Ein, zwei, drei![1] Теперь поищите, она у вас в боковом кармане...

**Пищик** *(достает из бокового кармана карту)*. Восьмерка пик, совершенно верно! *(Удивляясь.)* Вы подумайте!

**Шарлотта** *(держит на ладони колоду карт, Трофимову)*. Говорите скорее, какая карта сверху?

**Трофимов.** Что ж? Ну, дама пик.

**Шарлотта.** Есть! *(Пищику.)* Ну? Какая карта сверху?

**Пищик.** Туз червовый.

**Шарлотта.** Есть!.. *(Бьет по ладони, колода карт исчезает.)* А какая сегодня хорошая погода!

*Ей отвечает таинственный женский голос, точно из-под пола: «О да, погода великолепная, сударыня».*

Вы такой хороший мой идеал...

*Голос: «Вы, сударыня, мне тоже очень понравился».*

**Начальник станции** *(аплодирует)*. Госпожа чревовещательница, браво!

**Пищик** *(удивляясь)*. Вы подумайте! Очаровательнейшая Шарлотта Ивановна... я просто влюблен...

---

1 Раз, два, три! *(нем.)*.

**Шарлотта.** Влюблен? *(Пожав плечами.)* Разве вы можете любить? Guter Mensch, aber schlechter Musikant.[1]

**Трофимов** *(хлопает Пищика по плечу)* . Лошадь вы этакая...

**Шарлотта.** Прошу внимания, еще один фокус. *(Берет со стула плед.)* Вот очень хороший плед, я желаю продавать... *(Встряхивает.)* Не желает ли кто покупать?

**Пищик** *(удивляясь)* . Вы подумайте!

**Шарлотта.** Ein, zwei, drei! *(Быстро поднимает опущенный плед.)*

*За пледом стоит Аня; она делает реверанс, бежит к матери, обнимает ее и убегает назад в залу при общем восторге.*

**Любовь Андреевна** (аплодирует). Браво, браво!..

**Шарлотта.** Теперь еще! Ein, zwei, drei.

*Поднимает плед; за пледом стоит Варя и кланяется.*

**Пищик** *(удивляясь)* . Вы подумайте!

**Шарлотта.** Конец! *(Бросает плед на Пищика, делает реверанс и убегает в залу.)*

**Пищик** *(спешит за ней)* . Злодейка... какова? Какова? *(Уходит.)*

**Любовь Андреевна.** А Леонида все нет. Что он делает в городе так долго, не понимаю! Ведь все уже кончено там, имение продано или торги не состоялись, зачем же так долго держать в неведении!

**Варя** *(стараясь ее утешить)* . Дядечка купил, я в этом уверена.

---

1 Хороший человек, но плохой музыкант *(нем.)* .

**Трофимов** *(насмешливо)* . Да.

**Варя.** Бабушка прислала ему доверенность, чтобы он купил на ее имя с переводом долга. Это она для Ани. И я уверена, бог поможет, дядечка купит.

**Любовь Андреевна.** Ярославская бабушка прислала пятнадцать тысяч, чтобы купить имение на ее имя, — нам она не верит, — а этих денег не хватило бы даже проценты заплатить. *(Закрывает лицо руками.)* Сегодня судьба моя решается, судьба...

**Трофимов** *(дразнит Варю)* . Мадам Лопахина!

**Варя** *(сердито)* . Вечный студент! Уже два раза увольняли из университета.

**Любовь Андреевна.** Что же ты сердишься, Варя? Он дразнит тебя Лопахиным, ну что ж? Хочешь — выходи за Лопахина, он хороший, интересный человек. Не хочешь — не выходи; тебя, дуся, никто не неволит...

**Варя.** Я смотрю на это дело серьезно, мамочка, надо прямо говорить. Он хороший человек, мне нравится.

**Любовь Андреевна.** И выходи. Что же ждать, не понимаю!

**Варя.** Мамочка, не могу же я сама делать ему предложение. Вот уже два года все мне говорят про него, все говорят, а он или молчит, или шутит. Я понимаю. Он богатеет, занят делом, ему не до меня. Если бы были деньги, хоть немного, хоть бы сто рублей, бросила бы я все, ушла бы подальше. В монастырь бы ушла.

**Трофимов.** Благолепие!

**Варя** *(Трофимову)* . Студенту надо быть умным! *(Мягким тоном, со слезами.)* Какой вы стали некрасивый, Петя, как постарели! *(Любови Андреевне, уже не плача.)* Только вот без дела не могу, мамочка. Мне каждую минуту надо что-нибудь делать.

*Входит **Яша**.*

**Яша** *(едва удерживаясь от смеха)*. Епиходов бильярдный кий сломал!.. *(Уходит.)*

**Варя.** Зачем же Епиходов здесь? Кто ему позволил на бильярде играть? Не понимаю этих людей... *(Уходит.)*

**Любовь Андреевна.** Не дразните ее, Петя, вы видите, она и без того в горе.

**Трофимов.** Уж очень она усердная, не в свое дело суется. Все лето не давала покоя ни мне, ни Ане, боялась, как бы у нас романа не вышло. Какое ей дело? И к тому же я вида не подавал, я так далек от пошлости. Мы выше любви!

**Любовь Андреевна.** А я вот, должно быть, ниже любви. *(В сильном беспокойстве.)* Отчего нет Леонида? Только бы знать: продано имение или нет? Несчастье представляется мне до такой степени невероятным, что даже как-то не знаю, что думать, теряюсь... Я могу сейчас крикнуть... могу глупость сделать. Спасите меня, Петя. Говорите же что-нибудь, говорите...

**Трофимов.** Продано ли сегодня имение или не продано — не все ли равно? С ним давно уже покончено, нет поворота назад, заросла дорожка. Успокойтесь, дорогая. Не надо обманывать себя, надо хоть раз в жизни взглянуть правде прямо в глаза.

**Любовь Андреевна.** Какой правде? Вы видите, где правда и где неправда, а я точно потеряла зрение, ничего не вижу. Вы смело решаете все важные вопросы, но скажите, голубчик, не потому ли это, что вы молоды, что вы не успели перестрадать ни одного вашего вопроса? Вы смело смотрите вперед, и не потому ли, что не видите и не ждете ничего страшного, так как жизнь еще скрыта от ваших молодых глаз? Вы смелее, честнее, глубже нас, но вдумайтесь, будьте великодушны хоть на кончике пальца, пощадите меня. Ведь я родилась здесь, здесь жили мои отец и мать, мой дед, я люблю этот дом, без вишневого сада я не понимаю своей жизни, и если уж так нужно продавать, то продавайте и меня вместе с садом... *(Обнимает Трофимова, целует его в лоб.)* Ведь мой сын утонул здесь... *(Плачет.)* Пожалейте меня, хороший, добрый человек.

**Трофимов.** Вы знаете, я сочувствую всей душой.

**Любовь Андреевна.** Но надо иначе, иначе это сказать... *(Вынимает платок, на пол падает телеграмма.)* У меня сегодня тяжело на душе, вы не можете себе представить. Здесь мне шумно, дрожит душа от каждого звука, я вся дрожу, а уйти к себе не могу, мне одной в тишине страшно. Не осуждайте меня, Петя... Я вас люблю, как родного. Я охотно бы отдала за вас Аню, клянусь вам, только, голубчик, надо же учиться, надо курс кончить. Вы ничего не делаете, только судьба бросает вас с места на место, так это странно... Не правда ли? Да? И надо же что-нибудь с бородой сделать, чтобы она росла как-нибудь... *(Смеется.)* Смешной вы!

**Трофимов** *(поднимает телеграмму)* . Я не желаю быть красавцем.

**Любовь Андреевна.** Это из Парижа телеграмма. Каждый день получаю. И вчера, и сегодня. Этот дикий человек опять заболел, опять с ним нехорошо... Он просит прощения, умоляет приехать, и по-настоящему мне следовало бы съездить в Париж, побыть возле него. У вас, Петя, строгое лицо, но что же делать, голубчик мой, что мне делать, он болен, он одинок, несчастлив, а кто там поглядит за ним, кто удержит его от ошибок, кто даст ему вовремя лекарство? И что ж тут скрывать или молчать, я люблю его, это ясно. Люблю, люблю… Это камень на моей шее, я иду с ним на дно, но я люблю этот камень и жить без него не могу. *(Жмет Трофимову руку.)* Не думайте дурно, Петя, не говорите мне ничего, не говорите…

**Трофимов** *(сквозь слезы)*. Простите за откровенность, бога ради: ведь он обобрал вас!

**Любовь Андреевна.** Нет, нет, нет, не надо говорить так… *(Закрывает уши.)*

**Трофимов.** Ведь он негодяй, только вы одна не знаете этого! Он мелкий негодяй, ничтожество…

**Любовь Андреевна** *(рассердившись, но сдержанно)*. Вам двадцать шесть лет или двадцать семь, а вы все еще гимназист второго класса!

**Трофимов.** Пусть!

**Любовь Андреевна.** Надо быть мужчиной, в ваши годы надо понимать тех, кто любит. И надо самому любить… надо влюбляться! *(Сердито.)* Да, да! И у вас нет чистоты, а вы просто чистюлька, смешной чудак, урод…

**Трофимов** *(в ужасе)*. Что она говорит!

**Любовь Андреевна.** «Я выше любви!» Вы не выше любви, а просто, как вот говорит наш Фирс, вы недотёпа. В ваши годы не иметь любовницы!..

**Трофимов** *(в ужасе)*. Это ужасно! Что она говорит?! *(Идет быстро в зал, схватив себя за голову.)* Это ужасно… Не могу, я уйду… *(Уходит, но тотчас же возвращается.)* Между нами все кончено! *(Уходит в переднюю.)*

**Любовь Андреевна** *(кричит вслед)*. Петя, погодите! Смешной человек, я пошутила! Петя!

*Слышно, как в передней кто-то быстро идет по лестнице и вдруг с грохотом падает вниз. Аня и Варя вскрикивают, но тотчас же слышится смех.*

Что там такое?

*Вбегает Аня .*

**Аня** *(смеясь) .* Петя с лестницы упал! *(Убегает.)*
**Любовь Андреевна.** Какой чудак этот Петя...

*Начальник станции останавливается среди залы и читает «Грешницу» А. Толстого. Его слушают, но едва он прочел несколько строк, как из передней доносятся звуки вальса, и чтение обрывается. Все танцуют. Проходят из передней Трофимов, Аня, Варя и Любовь Андреевна .*

Ну, Петя... ну, чистая душа... я прощения прошу... Пойдемте танцевать... *(Танцует с Петей.)*

*Аня и Варя танцуют. Фирс входит, ставит свою палку около боковой двери. Яша тоже вошел из гостиной, смотрит на танцы.*

**Яша.** Что, дедушка?
**Фирс.** Нездоровится. Прежде у нас на балах танцевали генералы, бароны, адмиралы, а теперь посылаем за почтовым чиновником и начальником станции, да и те не в охотку идут. Что-то ослабел я. Барин покойный, дедушка, всех сургучом пользовал, от всех болезней. Я сургуч принимаю каждый день уже лет двадцать, а то и больше; может, я от него и жив.
**Яша.** Надоел ты, дед. *(Зевает.)* Хоть бы ты поскорее подох.

**Фирс.** Эх ты… недотёпа! *(Бормочет.)*

*Трофимов и Любовь Андреевна танцуют в зале, потом в гостиной.*

**Любовь Андреевна.** Merci. Я посижу… *(Садится.)* Устала.

*Входит **Аня**.*

**Аня** *(взволнованно)*. А сейчас на кухне какой-то человек говорил, что вишневый сад уже продан сегодня.

**Любовь Андреевна.** Кому продан?

**Аня.** Не сказал, кому. Ушел. *(Танцует с Трофимовым, оба уходят в зал.)*

**Яша.** Это там какой-то старик болтал. Чужой.

**Фирс.** А Леонида Андреича еще нет, не приехал. Пальто на нем легкое, демисезон, того гляди простудится. Эх, молодо-зелено.

**Любовь Андреевна.** Я сейчас умру. Подите, Яша, узнайте, кому продано.

**Яша.** Да он давно ушел, старик-то. *(Смеется.)*

**Любовь Андреевна** *(с легкой досадой)*. Ну, чему вы смеетесь? Чему рады?

**Яша.** Очень уж Епиходов смешной. Пустой человек. Двадцать два несчастья.

**Любовь Андреевна.** Фирс, если продадут имение, то куда ты пойдешь?

**Фирс.** Куда прикажете, туда и пойду.

**Любовь Андреевна.** Отчего у тебя лицо такое? Ты нездоров? Шел бы, знаешь, спать…

**Фирс.** Да… *(С усмешкой.)* Я уйду спать, а без меня тут кто подаст, кто распорядится? Один на весь дом.

**Яша** *(Любови Андреевне)* . Любовь Андреевна! Позвольте обратиться к вам с просьбой, будьте так добры! Если опять поедете в Париж, то возьмите меня с собой, сделайте милость. Здесь мне оставаться положительно невозможно. *(Оглядываясь, вполголоса.)* Что ж там говорить, вы сами видите, страна необразованная, народ безнравственный, притом скука, на кухне кормят безобразно, а тут еще Фирс этот ходит, бормочет разные неподходящие слова. Возьмите меня с собой, будьте так добры!

*Входит **Пищик**.*

**Пищик.** Позвольте просить вас... на вальсишку, прекраснейшая... *(Любовь Андреевна идет с ним.)* Очаровательная, все-таки сто восемьдесят рубликов я возьму у вас... Возьму... *(Танцует.)* Сто восемьдесят рубликов...

*Перешли в зал.*

**Яша** *(тихо напевает)* . «Поймешь ли ты души моей волненье...»

*В зале фигура в сером цилиндре и в клетчатых панталонах, машет руками и прыгает; крики: «Браво, Шарлотта Ивановна!»*

**Дуняша** *(остановилась, чтобы попудриться)* . Барышня велит мне танцевать — кавалеров много, а дам мало, — а у меня от танцев кружится голова, сердце бьется. Фирс Николаевич, а сейчас чиновник с почты такое мне сказал, что у меня дыхание захватило.

*Музыка стихает.*

**Фирс.** Что же он тебе сказал?

**Дуняша.** Вы, говорит, как цветок.

**Яша** *(зевает)* . Невежество... *(Уходит.)*

**Дуняша.** Как цветок... Я такая деликатная девушка, ужасно люблю нежные слова.

**Фирс.** Закрутишься ты.

*Входит **Епиходов** .*

**Епиходов.** Вы, Авдотья Федоровна, не желаете меня видеть... как будто я какое насекомое. *(Вздыхает.)* Эх, жизнь!

**Дуняша.** Что вам угодно?

**Епиходов.** Несомненно, может, вы и правы. *(Вздыхает.)* Но, конечно, если взглянуть с точки зрения, то вы, позволю себе так выразиться, извините за откровенность, совершенно привели меня в состояние духа. Я знаю свою фортуну, каждый день со мной случается какое-нибудь несчастье, и к этому я давно уже привык, так что с улыбкой гляжу на свою судьбу. Вы дали мне слово, и хотя я...

**Дуняша.** Прошу вас, после поговорим, а теперь оставьте меня в покое. Теперь я мечтаю. *(Играет веером.)*

**Епиходов.** У меня несчастье каждый день, и я, позволю себе так выразиться, только улыбаюсь, даже смеюсь.

*Входит из залы **Варя** .*

**Варя.** Ты все еще не ушел, Семен? Какой же ты, право,

неуважительный человек. *(Дуняше.)* Ступай отсюда, Дуняша. *(Епиходову.)* То на бильярде играешь и кий сломал, то по гостиной расхаживаешь, как гость.

**Епиходов.** С меня взыскивать, позвольте вам выразиться, вы не можете.

**Варя.** Я не взыскиваю с тебя, а говорю. Только и знаешь, что ходишь с места на место, а делом не занимаешься. Конторщика держим, а неизвестно — для чего.

**Епиходов** *(обиженно)* . Работаю ли я, хожу ли, кушаю ли, играю ли на бильярде, про то могут рассуждать только люди понимающие и старшие.

**Варя.** Ты смеешь мне говорить это! *(Вспылив.)* Ты смеешь? Значит, я ничего не понимаю? Убирайся же вон отсюда! Сию минуту!

**Епиходов** *(струсив)* . Прошу вас выражаться деликатным способом.

**Варя** *(выйдя из себя)* . Сию же минуту вон отсюда! Вон!

*Он идет к двери, она за ним.*

Двадцать два несчастья! Чтобы духу твоего здесь не было! Чтобы глаза мои тебя не видели!

*Епиходов вышел, за дверью его голос: «Я на вас буду жаловаться».*

А, ты назад идешь? *(Хватает палку, поставленную около двери Фирсом.)* Иди... Иди... Иди, я тебе покажу... А, ты идешь? Идешь? Так вот же тебе... *(Замахивается.)*

*В это время входит **Лопахин** .*

**Лопахин.** Покорнейше благодарю.

**Варя** *(сердито и насмешливо)*. Виновата!

**Лопахин.** Ничего-с. Покорно благодарю за приятное угощение.

**Варя.** Не стоит благодарности. *(Отходит, потом оглядывается и спрашивает мягко.)* Я вас не ушибла?

**Лопахин.** Нет, ничего. Шишка, однако, вскочит огромадная.

*Голоса в зале: «Лопахин приехал! Ермолай Алексеич!»*

**Пищик.** Видом видать, слыхом слыхать... *(Целуется с Лопахиным.)* Коньячком от тебя попахивает, милый мой, душа моя. А мы тут тоже веселимся.

*Входит **Любовь Андреевна**.*

**Любовь Андреевна.** Это вы, Ермолай Алексеич? Отчего так долго? Где Леонид?

**Лопахин.** Леонид Андреич со мной приехал, он идет...

**Любовь Андреевна** *(волнуясь)*. Ну, что? Были торги? Говорите же!

**Лопахин** *(сконфуженно, боясь обнаружить свою радость)*. Торги кончились к четырем часам... Мы к поезду опоздали, пришлось ждать до половины десятого. *(Тяжело вздохнув.)* Уф! У меня немножко голова кружится...

*Входит **Гаев**, в правой руке у него покупки, левой он утирает слезы.*

**Любовь Андреевна.** Леня, что? Леня, ну? *(Нетерпеливо, со слезами.)* Скорей же, бога ради...

**Гаев** *(ничего ей не отвечает, только машет рукой Фирсу, плача)* . Вот возьми... Тут анчоусы, керченские сельди... Я сегодня ничего не ел... Столько я выстрадал!

*Дверь в бильярдную открыта; слышен стук шаров и голос Яши: «Семь и восемнадцать!» У Гаева меняется выражение, он уже не плачет.*

Устал я ужасно. Дашь мне, Фирс, переодеться. *(Уходит к себе через залу, за ним Фирс.)*
**Пищик.** Что на торгах? Рассказывай же!
**Любовь Андреевна.** Продан вишневый сад?
**Лопахин.** Продан.
**Любовь Андреевна.** Кто купил?
**Лопахин.** Я купил.

*Пауза.*
*Любовь Андреевна угнетена; она упала бы, если бы не стояла возле кресла и стола. Варя снимает с пояса ключи, бросает их на пол, посреди гостиной, и уходит.*

Я купил! Погодите, господа, сделайте милость, у меня в голове помутилось, говорить не могу... *(Смеется.)* Пришли мы на торги, там уже Дериганов. У Леонида Андреича было только пятнадцать тысяч, а Дериганов сверх долга сразу надавал тридцать. Вижу, дело такое, я схватился с ним, надавал сорок. Он сорок пять. Я пятьдесят пять. Он, значит, по пяти надбавляет, я по десяти... Ну, кончилось. Сверх долга я надавал девяносто, осталось за мной. Вишневый сад теперь мой! Мой! *(Хохочет.)* Боже мой, господи, вишневый сад мой! Скажите мне, что я пьян, не в своем уме, что все это мне представляется... *(Топочет ногами.)* Не смейтесь надо мной! Если бы отец мой и дед встали из гробов и посмотрели на все происшествие, как их Ермолай, битый, малограмотный Ермолай, который зимой босиком бегал, как этот самый Ермолай купил имение, прекрасней которого ничего нет на свете. Я купил имение, где дед и отец были рабами, где их не пускали даже в кухню. Я сплю, это только мерещится мне, это только кажется... Это плод вашего воображения, покрытый мраком неизвестности... *(Поднимает ключи, ласково улыбаясь.)* Бросила ключи, хочет показать, что она уж не хозяйка здесь... *(Звенит ключами.)* Ну, да все равно.

*Слышно, как настраивается оркестр.*

Эй, музыканты, играйте, я желаю вас слушать! Приходите все смотреть, как Ермолай Лопахин хватит топором по вишневому саду, как упадут на землю деревья! Настроим мы дач, и наши внуки и правнуки увидят тут новую жизнь... Музыка, играй!

*Играет музыка. Любовь Андреевна опустилась на стул и горько плачет.*

*(С укором.)* Отчего же, отчего вы меня не послушали? Бедная моя, хорошая, не вернешь теперь. *(Со слезами.)* О, скорее бы все это прошло, скорее бы изменилась как-нибудь наша нескладная, несчастливая жизнь.

**Пищик** *(берет его под руку, вполголоса)*. Она плачет. Пойдем в залу, пусть она одна... Пойдем... *(Берет его под руку и уводит в зал.)*

**Лопахин.** Что ж такое? Музыка, играй отчетливо! Пускай всё, как я желаю! *(С иронией.)* Идет новый помещик, владелец вишневого сада! *(Толкнул нечаянно столик, едва не опрокинул канделябры.)* За все могу заплатить! *(Уходит с Пищиком.)*

*В зале и гостиной нет никого, кроме Любови Андреевны, которая сидит, сжалась вся и горько плачет. Тихо играет музыка. Быстро входят **Аня** и **Трофимов**. Аня подходит к матери и становится перед ней на колени. Трофимов остается у входа в залу.*

**Аня.** Мама!.. Мама, ты плачешь? Милая, добрая, хорошая моя мама, моя прекрасная, я люблю тебя... я благословляю тебя. Вишневый сад продан, его уже нет, это правда, правда, но не плачь, мама, у тебя осталась жизнь впереди, осталась твоя хорошая, чистая душа... Пойдем со мной, пойдем, милая, отсюда, пойдем!.. Мы насадим новый сад, роскошнее этого, ты увидишь его, поймешь, и радость, тихая, глубокая радость опустится на твою душу, как солнце в вечерний час, и ты улыбнешься, мама! Пойдем, милая! Пойдем!..

### Занавес

# Действие четвертое

*Декорация первого акта. Нет ни занавесей на окнах, ни картин, осталось немного мебели, которая сложена в один угол, точно для продажи. Чувствуется пустота. Около выходной двери и в глубине сцены сложены чемоданы, дорожные узлы и т. п. Налево дверь открыта, оттуда слышны голоса Вари и Ани.* **Лопахин** *стоит, ждет. Я ш а держит поднос со стаканчиками, налитыми шампанским. В передней* **Епиходов** *увязывает ящик. За сценой в глубине гул. Это пришли прощаться мужики. Голос Гаева: «Спасибо, братцы, спасибо вам».*

**Яша.** Простой народ прощаться пришел. Я такого мнения, Ермолай Алексеич: народ добрый, но мало понимает.

*Гул стихает. Входят через переднюю* **Любовь Андреевна** *и* **Гаев** *; она не плачет, но бледна, лицо ее дрожит, она не может говорить.*

**Гаев.** Ты отдала им свой кошелек, Люба. Так нельзя! Так нельзя!
**Любовь Андреевна.** Я не смогла! Я не смогла!

*Оба уходят.*

**Лопахин** *(в дверь, им вслед)* . Пожалуйте, покорнейше прошу! По стаканчику на прощанье. Из города не догадался привезть, а на станции нашел только одну бутылку. Пожалуйте!

*Пауза.*

Что ж, господа! Не желаете? *(Отходит от двери.)* Знал бы — не покупал. Ну, и я пить не стану.

*Яша осторожно ставит поднос на стул.*

Выпей, Яша, хоть ты.

**Яша.** С отъезжающими! Счастливо оставаться! *(Пьет.)* Это шампанское не настоящее, могу вас уверить.

**Лопахин.** Восемь рублей бутылка.

*Пауза.*

Холодно здесь чертовски.

**Яша.** Не топили сегодня, все равно уезжаем. *(Смеется.)*

**Лопахин.** Что ты?

**Яша.** От удовольствия.

**Лопахин.** На дворе октябрь, а солнечно и тихо, как летом. Строиться хорошо. *(Поглядев на часы в дверь.)* Господа, имейте в виду, до поезда осталось всего сорок шесть минут! Значит, через двадцать минут на станцию ехать. Поторапливайтесь.

***Трофимов** в пальто входит со двора.*

**Трофимов.** Мне кажется, ехать уже пора. Лошади поданы. Черт его знает, где мои калоши. Пропали. *(В дверь.)* Аня, нет моих калош! Не нашел!

**Лопахин.** А мне в Харьков надо. Поеду с вами в одном поезде. В Харькове проживу всю зиму. Я все болтался с вами, замучился без дела. Не могу без работы, не знаю, что вот делать с руками; болтаются как-то странно, точно чужие.

**Трофимов.** Сейчас уедем, и вы опять приметесь за свой полезный труд.

**Лопахин.** Выпей-ка стаканчик.

**Трофимов.** Не стану.

**Лопахин.** Значит, в Москву теперь?

**Трофимов.** Да, провожу их в город, а завтра в Москву.

**Лопахин.** Да... Что ж, профессора не читают лекций, небось всё ждут, когда приедешь!

**Трофимов.** Не твое дело.

**Лопахин.** Сколько лет, как ты в университете учишься?

**Трофимов.** Придумай что-нибудь поновее. Это старо и плоско. *(Ищет калоши.)* Знаешь, мы, пожалуй, не увидимся больше, так вот позволь мне дать тебе на прощанье один совет: не размахивай руками! Отвыкни от этой привычки — размахивать. И тоже вот строить дачи, рассчитывать, что из дачников со временем выйдут отдельные хозяева, рассчитывать так — это тоже значит размахивать... Как-никак, все-таки я тебя люблю. У тебя тонкие, нежные пальцы, как у артиста, у тебя тонкая, нежная душа...

**Лопахин** *(обнимает его)*. Прощай, голубчик. Спасибо за все. Ежели нужно, возьми у меня денег на дорогу.

**Трофимов.** Для чего мне? Не нужно.

**Лопахин.** Ведь у вас нет!

**Трофимов.** Есть. Благодарю вас. Я за перевод получил. Вот они тут, в кармане. *(Тревожно.)* А калош моих нет!

**Варя** *(из другой комнаты)*. Возьмите вашу гадость! *(Выбрасывает на сцену пару резиновых калош.)*

**Трофимов.** Что же вы сердитесь, Варя? Гм... Да это не мои калоши!

**Лопахин.** Я весной посеял маку тысячу десятин, и

теперь заработал сорок тысяч чистого. А когда мой мак цвел, что это была за картина! Так вот я, говорю, заработал сорок тысяч и, значит, предлагаю тебе взаймы, потому что могу. Зачем же нос драть? Я мужик... попросту.

**Трофимов.** Твой отец был мужик, мой — аптекарь, и из этого не следует решительно ничего.

*Лопахин вынимает бумажник.*

Оставь, оставь... Дай мне хоть двести тысяч, не возьму. Я свободный человек. И все, что так высоко и дорого цените вы все, богатые и нищие, не имеет надо мной ни малейшей власти, вот как пух, который носится по воздуху. Я могу обходиться без вас, я могу проходить мимо вас, я силен и горд. Человечество идет к высшей правде, к высшему счастью, какое только возможно на земле, и я в первых рядах!

**Лопахин.** Дойдешь?

**Трофимов.** Дойду.

*Пауза.*

Дойду, или укажу другим путь, как дойти.

*Слышно, как вдали стучат топором по дереву.*

**Лопахин.** Ну, прощай, голубчик. Пора ехать. Мы друг перед другом нос дерем, а жизнь знай себе проходит. Когда я работаю подолгу, без устали, тогда мысли полегче, и кажется, будто мне тоже известно, для чего я существую. А сколько, брат, в России людей, которые существуют неизвестно для чего. Ну, все равно, циркуляция дела не в этом. Леонид Андреич, говорят, принял место, будет в банке, шесть тысяч в год... Только ведь не усидит, ленив очень...

**Аня** *(в дверях)* . Мама вас просит: пока она не уехала, чтоб не рубили сада.

**Трофимов.** В самом деле, неужели не хватает такта... *(Уходит через переднюю.)*

**Лопахин.** Сейчас, сейчас... Экие, право. *(Уходит за ним.)*

**Аня.** Фирса отправили в больницу?

**Яша.** Я утром говорил. Отправили, надо думать.

**Аня** *(Епиходову, который проходит через залу)* . Семен Пантелеич, справьтесь, пожалуйста, отвезли ли Фирса в больницу.

**Яша** *(обиженно)* . Утром я говорил Егору. Что ж спрашивать по десяти раз!

**Епиходов.** Долголетний Фирс, по моему окончательному мнению, в починку не годится, ему надо к праотцам. А я могу ему только завидовать. *(Положил чемодан на картонку со шляпой и раздавил.)* Ну, вот, конечно. Так и знал. *(Уходит.)*

**Яша** *(насмешливо)* . Двадцать два несчастья...

**Варя** *(за дверью)* . Фирса отвезли в больницу?

**Аня.** Отвезли.

**Варя.** Отчего же письмо не взяли к доктору?

**Аня.** Так надо послать вдогонку... *(Уходит.)*

**Варя** *(из соседней комнаты)* . Где Яша? Скажите, мать его пришла, хочет проститься с ним.

**Яша** *(машет рукой)* . Выводят только из терпения.

*Дуняша все время хлопочет около вещей; теперь, когда Яша остался один, она подошла к нему.*

**Дуняша.** Хоть бы взглянули разочек, Яша. Вы уезжаете... меня покидаете... *(Плачет и бросается ему* *на шею.)*

**Яша.** Что ж плакать? *(Пьет шампанское.)* Через шесть дней я опять в Париже. Завтра сядем в курьерский поезд и закатим, только нас и видели. Даже как-то не верится. Вив ла Франс!..[1] Здесь не по мне, не могу жить... ничего не поделаешь. Насмотрелся на невежество — будет с меня. *(Пьет шампанское.)* Что ж плакать? Ведите себя прилично, тогда не будете плакать.

**Дуняша** *(пудрится, глядясь в зеркальце)* . Пришлите из Парижа письмо. Ведь я вас любила, Яша, так любила! Я нежное существо, Яша!

**Яша.** Идут сюда. *(Хлопочет около чемоданов, тихо напевает.)*

*Входят **Любовь Андреевна**, **Гаев**, **Аня** и **Шарлотта Ивановна** .*

**Гаев.** Ехать бы нам. Уже немного осталось. *(Глядя на Яшу.)* От кого это селедкой пахнет?

**Любовь Андреевна.** Минут через десять давайте уже в экипажи садиться... *(Окидывает взглядом комнату.)* Прощай, милый дом, старый дедушка. Пройдет зима, настанет весна, а там тебя уже не будет, тебя сломают. Сколько видели эти стены! *(Целует горячо дочь.)* Сокровище мое, ты сияешь, твои глазки играют, как два алмаза. Ты довольна? Очень?

**Аня.** Очень! Начинается новая жизнь, мама!

**Гаев** *(весело)* . В самом деле, теперь все хорошо. До продажи вишневого сада мы все волновались, страдали, а потом, когда вопрос был решен окончательно, бесповоротно, все успокоились, повеселели даже... Я банковский служака, теперь я

---

1 Да здравствует Франция! (*фр.* Vive la France!)

финансист... желтого в середину, и ты, Люба, как-никак, выглядишь лучше, это несомненно.

**Любовь Андреевна.** Да. Нервы мои лучше, это правда.

*Ей подают шляпу и пальто.*

Я сплю хорошо. Выносите мои вещи, Яша. Пора. *(Ане.)* Девочка моя, скоро мы увидимся... Я уезжаю в Париж, буду жить там на те деньги, которые прислала твоя ярославская бабушка на покупку имения — да здравствует бабушка! — а денег этих хватит ненадолго.

**Аня.** Ты, мама, вернешься скоро, скоро... не правда ли? Я подготовлюсь, выдержу экзамен в гимназии и потом буду работать, тебе помогать. Мы, мама, будем вместе читать разные книги... Не правда ли? *(Целует матери руки.)* Мы будем читать в осенние вечера, прочтем много книг, и перед нами откроется новый, чудесный мир... *(Мечтает.)* Мама, приезжай...

**Любовь Андреевна.** Приеду, мое золото. *(Обнимает дочь.)*

*Входит **Лопахин**. Шарлотта тихо напевает песенку.*

**Гаев.** Счастливая Шарлотта: поет!

**Шарлотта** (берет узел, похожий на свернутого ребенка). Мой ребеночек, бай, бай...

*Слышится плач ребенка: «Уа, уа!..»*

Замолчи, мой хороший, мой милый мальчик.

«Уа!.. уа!..»

Мне тебя так жалко! *(Бросает узел на место.)* Так вы, пожалуйста, найдите мне место. Я не могу так.

**Лопахин.** Найдем, Шарлотта Ивановна, не беспокойтесь.

**Гаев.** Все нас бросают, Варя уходит... мы стали вдруг не нужны.

**Шарлотта.** В городе мне жить негде. Надо уходить... *(Напевает.)* Все равно...

*Входит Пищик.*

**Лопахин.** Чудо природы!..

**Пищик** *(запыхавшись)* . Ой, дайте отдышаться... замучился... Мои почтеннейшие... Воды дайте...

**Гаев.** За деньгами небось? Слуга покорный, ухожу от греха... *(Уходит.)*

**Пищик.** Давненько не был у вас... прекраснейшая... *(Лопахину.)* Ты здесь... рад тебя видеть... громаднейшего ума человек... возьми... получи... *(Подает Лопахину деньги.)* Четыреста рублей... За мной остается восемьсот сорок.

**Лопахин** *(в недоумении пожимает плечами)* . Точно во сне... Ты где же взял?

**Пищик.** Постой... Жарко... Событие необычайнейшее. Приехали ко мне англичане и нашли в земле какую-то белую глину... *(Любови Андреевне.)* И вам четыреста... прекрасная, удивительная... *(Подает деньги.)* Остальные потом. *(Пьет воду.)* Сейчас один молодой человек рассказывал в вагоне, будто какой-то... великий философ советует прыгать с крыш... «Прыгай!», говорит, и в этом вся задача. *(Удивленно.)* Вы подумайте! Воды!..

**Лопахин.** Какие же это англичане?

**Пищик.** Сдал им участок с глиной на двадцать четыре года... А теперь, извините, некогда... надо скакать дальше... Поеду к Знойкову... к Кардамонову... Всем должен... *(Пьет.)* Желаю здравствовать... В четверг заеду...

**Любовь Андреевна.** Мы сейчас переезжаем в город, а завтра я за границу...

**Пищик.** Как? *(Встревоженно.)* Почему в город? То-то я гляжу на мебель... чемоданы... Ну, ничего... *(Сквозь слезы.)* Ничего... Величайшего ума люди... эти англичане... Ничего... Будьте счастливы... Бог поможет вам... Ничего... Всему на этом свете бывает конец... *(Целует руку Любови Андреевне.)* А дойдет до вас слух, что мне конец пришел, вспомните вот эту самую... лошадь и скажите: «Был на свете такой, сякой... Симеонов-Пищик... царство ему небесное»... Замечательнейшая погода... Да... *(Уходит в сильном смущении, но тотчас же возвращается и говорит в дверях.)* Кланялась вам Дашенька! *(Уходит.)*

**Любовь Андреевна.** Теперь можно и ехать. Уезжаю я с двумя заботами. Первая — это больной Фирс. *(Взглянув на часы.)* Еще минут пять можно...

**Аня.** Мама, Фирса уже отправили в больницу. Яша отправил утром.

**Любовь Андреевна.** Вторая моя печаль — Варя. Она привыкла рано вставать и работать, и теперь без труда она, как рыба без воды. Похудела, побледнела и плачет бедняжка...

*Пауза.*

Вы это очень хорошо знаете, Ермолай Алексеич; я мечтала... выдать ее за вас, да и по всему видно было, что вы женитесь. *(Шепчет Ане, та кивает Шарлотте, и обе уходят.)* Она вас любит, вам она по душе, и не знаю, не знаю, почему это вы точно сторонитесь друг друга. Не понимаю!

**Лопахин.** Я сам тоже не понимаю, признаться. Как-то странно все... Если есть еще время, то я хоть сейчас готов... Покончим сразу — и баста, а без вас я, чувствую, не сделаю предложения.

**Любовь Андреевна.** И превосходно. Ведь одна минута нужна, только. Я ее сейчас позову...

**Лопахин.** Кстати и шампанское есть. *(Поглядев на стаканчики.)* Пустые, кто-то уже выпил.

*Яша кашляет.*

Это называется вылакать...

**Любовь Андреевна** *(оживленно)* . Прекрасно. Мы выйдем... Яша, allez![1] Я ее позову... *(В дверь.)* Варя, оставь все, поди сюда. Иди! *(Уходит с Яшей.)*

**Лопахин** *(поглядев на часы)* . Да...

*Пауза.*
*За дверью сдержанный смех, шепот, наконец входит* **Варя** .

**Варя** *(долго осматривает вещи)* . Странно, никак не найду...

**Лопахин.** Что вы ищете?

**Варя.** Сама уложила и не помню.

*Пауза.*

**Лопахин.** Вы куда же теперь, Варвара Михайловна?

**Варя.** Я? К Рагулиным... Договорилась к ним смотреть

---

1 Идите! *(фр.)*

за хозяйством… в экономки, что ли.

**Лопахин.** Это в Яшнево? Верст семьдесят будет.

*Пауза.*

Вот и кончилась жизнь в этом доме…

**Варя** *(оглядывая вещи)* . Где же это… Или, может, я в сундук уложила… Да, жизнь в этом доме кончилась… больше уже не будет…

**Лопахин.** А я в Харьков уезжаю сейчас… вот с этим поездом. Дела много. А тут во дворе оставляю Епиходова… Я его нанял.

**Варя.** Что ж!

**Лопахин.** В прошлом году об эту пору уже снег шел, если припомните, а теперь тихо, солнечно. Только что вот холодно… Градуса три мороза.

**Варя.** Я не поглядела.

*Пауза.*

Да и разбит у нас градусник…

**Пауза.** Голос в дверь со двора: «Ермолай Алексеич!..»

**Лопахин** *(точно давно ждал этого зова)* . Сию минуту! *(Быстро уходит.)*

Варя, сидя на полу, положив голову на узел с платьем, тихо рыдает. Отворяется дверь, осторожно входит **Любовь Андреевна** .

**Любовь Андреевна.** Что?

*Пауза.*

Надо ехать.

**Варя** *(уже не плачет, вытерла глаза)* . Да, пора, мамочка. Я к Рагулиным поспею сегодня, не опоздать бы только к поезду...

**Любовь Андреевна** *(в дверь)* . Аня, одевайся!

*Входит **Аня** , потом **Гаев, Шарлотта Ивановна** . На Гаеве теплое пальто с башлыком. Сходится **прислуга** , **извозчики** . Около вещей хлопочет **Епиходов** .*

Теперь можно и в дорогу.

**Аня** *(радостно)* . В дорогу!

**Гаев.** Друзья мои, милые, дорогие друзья мои! Покидая этот дом навсегда, могу ли я умолчать, могу ли удержаться, чтобы не высказать на прощанье те чувства, которые наполняют теперь все мое существо...

**Аня** *(умоляюще)* . Дядя!

**Варя.** Дядечка, не нужно!

**Гаев** *(уныло)* . Дуплетом желтого в середину... Молчу...

*Входит **Трофимов** , потом **Лопахин** .*

**Трофимов.** Что же, господа, пора ехать!

**Лопахин.** Епиходов, мое пальто!

**Любовь Андреевна.** Я посижу еще одну минутку. Точно раньше я никогда не видела, какие в этом доме стены, какие потолки, и теперь я гляжу на них с жадностью, с такой нежной любовью...

**Гаев.** Помню, когда мне было шесть лет, в Троицын день я сидел на этом окне и смотрел, как мой отец шел в церковь...

**Любовь Андреевна.** Все вещи забрали?

**Лопахин.** Кажется, все. *(Епиходову, надевая пальто.)* Ты же, Епиходов, смотри, чтобы все было в порядке.

**Епиходов**  *(говорит сиплым голосом)* . Будьте покойны, Ермолай Алексеич!

**Лопахин.** Что это у тебя голос такой?

**Епиходов.** Сейчас воду пил, что-то проглотил.

**Яша** *(с презрением)* . Невежество...

**Любовь Андреевна.** Уедем — и здесь не останется ни души...

**Лопахин.** До самой весны.

**Варя** (выдергивает из узла зонтик, похоже, как будто она замахнулась).

*Лопахин делает вид, что испугался.*

Что вы, что вы... Я и не думала.

**Трофимов.** Господа, идемте садиться в экипажи... Уже пора! Сейчас поезд придет!

**Варя.** Петя, вот они, ваши калоши, возле чемодана. *(Со слезами.)* И какие они у вас грязные, старые...

**Трофимов** *(надевая калоши)* . Идем, господа!..

**Гаев** *(сильно смущен, боится заплакать)* . Поезд... станция... Круазе в середину, белого дуплетом в угол...

**Любовь Андреевна.** Идем!

**Лопахин.** Все здесь? Никого там нет? *(Запирает боковую дверь налево.)* Здесь вещи сложены, надо запереть. Идем!..

**Аня.** Прощай, дом! Прощай, старая жизнь!

**Трофимов.** Здравствуй, новая жизнь!.. *(Уходит с Аней.)*

*Варя окидывает взглядом комнату и не спеша уходит. Уходят Яша и Шарлотта с собачкой.*

**Лопахин.** Значит, до весны. Выходите, господа... До свиданция!.. *(Уходит.)*

*Любовь Андреевна и Гаев остались вдвоем. Они точно ждали этого, бросаются на шею друг другу и рыдают сдержанно, тихо, боясь, чтобы их не услышали.*

**Гаев** *(в отчаянии)* . Сестра моя, сестра моя...
**Любовь Андреевна.**    О мой милый, мой нежный, прекрасный сад!.. Моя жизнь, моя молодость, счастье мое, прощай!.. Прощай!..

*Голос Ани весело, призывающе: «Мама!..»*
*Голос Трофимова весело, возбужденно: «Ау!..»*

В последний раз взглянуть на стены, на окна... По этой комнате любила ходить покойная мать...
**Гаев.**  Сестра моя, сестра моя!..

*Голос Ани: «Мама!..»*
*Голос Трофимова: «Ау!..»*

**Любовь Андреевна.**  Мы идем!..

*Уходят.*
*Сцена пуста. Слышно, как на ключ запирают все двери, как потом отъезжают экипажи. Становится тихо. Среди тишины раздается глухой стук топора по дереву, звучащий одиноко и грустно.*
*Слышатся шаги. Из двери, что направо, показывается* **Фирс** *. Он одет, как всегда, в пиджаке и белой жилетке, на ногах туфли. Он болен.*

**Фирс** *(подходит к двери, трогает за ручку)* . Заперто. Уехали... *(Садится на диван.)*  Про меня забыли... Ничего... я тут посижу... А Леонид Андреич, небось, шубы не надел, в пальто поехал... *(Озабоченно вздыхает.)* Я-то не поглядел... Молодо-зелено! *(Бормочет что-то, чего понять нельзя.)* Жизнь-то прошла, словно и не жил... *(Ложится.)* Я полежу... Силушки-то у тебя нету, ничего не осталось, ничего... Эх ты... недотепа!.. *(Лежит неподвижно.)*

*Слышится отдаленный звук, точно с неба, звук лопнувшей струны, печальный. Наступает тишина, и только слышно, как далеко в саду топором стучат по дереву.*

**Занавес**

**1904**

Also available from JiaHu Books:

Русланъ и Людмила — А. С. Пушкин - 9781909669000

Евгеній Онѣгинъ — А. С. Пушкин — 9781909669017

Анна Каренина — Л. Н. Толстой — 9781909669154

Чайка — А. П. Чехов - 9781909669642

Мать — Максим Горький — 9781909669628

Рассказ о семи повешенных и другие повести — Л. Н. Андреев — 9781909669659

Леди Макбет Мценского уезда и Запечатленный ангел - Н. С. Лесков - 9781909669666

Очарованный странник — Н. С. Лесков — 9781909669727

Некуда — Н. С. Лесков -9781909669673

Мы - Евгений Замятин- 9781909669758

Санин — М. П. Арцыбашев — 9781909669949

Мастер и Маргарита — М.А. Булгаков - 9781909669895

Собачье сердце — М.А. Булгаков — 9781909669536

Записки юного врача — М.А. Булгаков — 9781909669680

Роковые яйца — М.А. Булгаков - 9781909669840

Евгений Онегин (Либретто) — 9781909669741

Пиковая Дама (Либретто) — 9781909669376

Борис Годунов (Либретто) — 9781909669376

Раскіданае гняздо/Тутэйшыя - Янка Купала – 9781909669901

Чорна рада — Пантелеймон Куліш – 9781909669529

Стихотворения и Проза - Христо Ботев - 9781909669864

9 781909 669818